Ein Lebensende in Würde

Ratgeber für Sterbebegleitung und Trauerfall

Bibliografische Information Der Deutschen Bibliothek

1. Auflage, September 2005, 10.000 Exemplare

ISBN-13: 978-3-933705-51-8
ISBN-10: 3-933705-51-7
Printed in Germany

Inhalt

Inhalt

Checklisten

Der eigene Tod wird oft verdrängt oder gefürchtet. Und der Tod anderer Menschen lässt die Hinterbliebenen häufig nicht nur in einer schmerzlichen Situation zurück, sondern in Hilflosigkeit oder Not. Vieles davon kann man nicht ändern. Aber es gibt eine Fülle von Möglichkeiten, das Lebensende in Würde zu gestalten – in Würde für die Sterbenden und auch in Würde für die Menschen, die trauernd zurückbleiben.

Vom Umgang mit Tod und Sterben in unserer Gesellschaft

Die Würde des Menschen – auch im Tod

In Würde sterben

Das bedeutet für viele Menschen vor allem, dass

- der Tod friedvoll ist,
- die Selbstbestimmtheit des Sterbenden geachtet wird und gewahrt bleibt,
- die Wünsche nach Schmerzlosigkeit, Gemeinschaft mit Verwandten und Freunden, nach Ruhe, Gebet oder Gespräch erfüllt werden,
- für die Sterbenden in ihrem Sinne gesorgt wird, wenn sie selbst es nicht mehr können.

Es gibt keine selbstverständlichen religiösen und gesellschaftlichen Rituale mehr zu Sterben, Tod und Trauer

Wir müssen akzeptieren, dass es in unserer Gesellschaft keine allgemein verbindliche Form für den Umgang mit dem Sterben und dem Tod gibt. Das Wissen darum wird in vielen Familien nicht mehr von Generation zu Generation weitergegeben. Und wir müssen zum anderen auch neue, der Zeit und der jeweiligen Situation angemessene Formen im Umgang mit dem Tod suchen. Die pluralistische Gesellschaft, die Auflösung der Familie, die Mobilität, die Vielfalt religiöser Vorstellungen, die im Allgemeinen geringe Bindung an die Religion, die eigenen Ängste vor und um den Tod, die alltäglichen Sorgen – es gibt viele Gründe, weswegen es kein einheitliches Bild vom Leben und Sterben des Menschen mehr geben kann, sondern jeder Mensch sich den eigenen Weg suchen muss und sollte. Dazu soll dieser Ratgeber Hilfestellung leisten.

Würdevolle Sterbekultur einfordern

Nicht akzeptabel ist allerdings, dass dem Sterben und dem Umgang mit dem Tod kein würdevoller Raum zugestanden wird – und dies ist in vielen Fällen in deutschen Krankenhäusern oder Seniorenheimen ganz wörtlich zu verstehen, auch wenn es hier in diesem Buch viel umfassender gemeint ist. Aber es kommt in Krankenhäusern und

Pflegeheimen leider immer noch vor, dass Sterbende in „Abstellräume" abgeschoben werden. Dafür gibt es keine Entschuldigung, denn die Würde Sterbender (und auch Trauernder) ist zu diesem Zeitpunkt das höchste Gut.

„Im Blickfeld steht also nicht der Mensch in seiner Gesamtheit, sondern Organe oder andere Teile seines Körpers. ... Das Krankenhaus ist zwar zum Ort des Sterbens geworden, indes hat man es dort versäumt, sich darauf einzustellen. Menschliche Bedürfnisse werden der technischen Funktionalität geopfert. Der Tod im Krankenhaus ist nicht mehr Anlass für eine fest gefügte Zeremonie, er ist zu einem technischen Problem geworden."

Bernard Jacoby: Auch Du lebst ewig, Seite 18 f., Reinbek 2004

„Der Arzt ist verpflichtet, Sterbenden d.h. Kranken oder Verletzten mit irreversiblem Versagen einer oder mehrerer vitaler Funktionen, bei denen der Eintritt des Todes in kurzer Zeit zu erwarten ist, so zu helfen, dass sie unter menschenwürdigen Bedingungen sterben können.

Die Hilfe besteht in palliativ-medizinischer Versorgung und damit auch in Beistand und Sorge für Basisbetreuung. Dazu gehören nicht immer Nahrungs- und Flüssigkeitszufuhr, da sie für Sterbende eine schwere Belastung darstellen können. Jedoch müssen Hunger und Durst als subjektive Empfindungen gestillt werden."

Grundsätze der Bundesärztekammer zur ärztlichen Sterbebegleitung, Deutsches Ärzteblatt, Heft 19 vom 7.Mai 2004

Jeder muss seinen Weg finden – als Sterbender, Trauernder und Begleitender

Jeder Tod, jedes Sterben ist anders – dies erschwert vielleicht auf den ersten Blick eine Hilfe von außen. Anders gesagt: Die Individualität im Tod macht es notwendig, dass jeder Mensch für sich prüft, welcher Weg in der eigenen Situation angemessen ist, ob und welche Hilfe er benötigt und in Anspruch nehmen mag. Das bedeutet aber auch für Begleitende, dass sich daraus unterschiedliche Hilfestellungen ergeben.

Würde schenken ist immer auch Würde empfangen

Wer sich sterbenden Menschen zuwendet, profitiert davon für das eigene Leben

„Es sind die Lebenden, die den Toten die Augen schließen. Es sind die Toten, die den Lebenden die Augen öffnen." Kann man die Bedeutung des Todes für den Menschen besser beschreiben? Viele Menschen, die mit dem Tod konfrontiert sind und ihn bewusst erleben, beginnen, das Leben verändert zu betrachten und ihr Leben zu verändern. Sie nehmen den Wert des Lebens und Werte im Leben verändert wahr. Gerade Menschen, die sich viel mit Sterben und Tod beschäftigen, sind oft besonders lebensbejahende, fröhliche Menschen. Haben Sie dies auch schon erlebt? Tod und Lebensfreude scheinen kein Widerspruch zu sein, die sich gegenseitig ausschließen.

Wer beim Abschied am Sterbebett oder am Grab Toten mit Achtung, Wertschätzung und Würde begegnet, wird häufig auch von „positiven" Gefühlen ergriffen, die schwer zu beschreiben und natürlich nicht immer gleich sind: innere Ruhe, Demut, Wahrheit. Immer vorausgesetzt, dass Verzweiflung, Trauer oder auch Wut über den Tod des geliebten Menschen nicht übermächtig sind und alle anderen Gefühle überschatten.

Erfahrungen zeigen, dass es in den meisten Fällen möglich ist, das Lebensende würdevoll zu gestalten. Auch wenn es manchmal Mut erfordert, sich dem Thema zu stellen:

- Sorgen Sie für sich selbst, indem Sie entsprechend vorsorgen (››› Seite 16 ff.).
- Wenden Sie sich Ihren Angehörigen, Freunden oder anderen Menschen in Ihrem Umfeld zu, indem Sie für sie als Sterbende oder Trauernde da sind.

Sterben – eine schwere Last

Ursachen eines plötzlichen Todes in Deutschland

Circa-Angaben pro Jahr

- 75.000 Tote durch Herzinfarkt
- 30.000 bis 35.000 Tote durch Verletzungen oder Vergiftungen, davon 11.000 durch Suizid
- 3.000 Totgeborene

Pro Jahr sterben in Deutschland ungefähr 850.000 Menschen, über 100.000 davon sehr plötzlich. Diese Todesfälle greifen völlig unerwartet in das Leben ein und hinterlassen bei den unmittelbar davon betroffenen Menschen oft tiefe Spuren. Daneben erliegen jährlich etwa 250.000 Menschen bösartigen Krebsleiden – nur eine der Todesursachen, der ein langwieriger Leidensprozess vorausging. Muskelerkrankungen wie ALS (Amiotrophe Lateralsklerose), die Immunschwächekrankheit Aids oder vielfältige Demenzerscheinungen machen jeden einzelnen Prozess des Sterbens zu einer langen Leidensgeschichte, die auch für die Angehörigen emotional außerordentlich belastend ist.

Sterbende und trauernde Menschen werden an den Rand der Gesellschaft gedrängt

Trotzdem finden Tod und Sterben vielfach „hinter verschlossenen Türen" statt. Der Tod wird in unserer Gesellschaft verdrängt. Das Ideal einer jugendlichen Gesellschaft – nach dem Motto „Lange jung bleiben, langsam altern, schnell sterben" – hindert Menschen, sich mit dem Thema zu befassen. Dieses Bild prägt die Werbung; davon zeugen die Erfolge der Kosmetikindustrie oder der Schönheitschirurgie. Die Menschen unserer Zeit versuchen, dem Alterungsprozess zu entfliehen, und weigern sich, den Tod als natürlichen Bestandteil des Lebens wahrzunehmen und anzuerkennen.

Die Angst vor Tod und Sterben

Vor allem aber die Angst vor dem Tod und dem Sterben hält die Menschen davon ab, sich damit zu beschäftigen. Das gilt nicht nur für den eigenen Tod, sondern genauso für den der Angehörigen. Etliche Menschen gehen grundsätzlich nie zu einer Beerdigung, oft nicht aus mangelnder Zuneigung zu den Toten oder auch nur Zeitmangel, sondern aus Angst vor dem Tod oder der Wucht der Trauergefühle.

Angst besteht vor der Frage, was nach dem Tod passiert. Ist dann alles zu Ende? Was kommt danach? Oder der Kummer drängt sich auf, was mit den geliebten Menschen geschehen wird, die zurückbleiben, insbesondere wenn diese noch Kinder sind.

Zahlreiche Gründe für die Angst

Häufig betrifft die Angst nicht so sehr den Tod selbst, sondern die Angst vor der Zeit des Sterbens. Die Angst vor der Einsamkeit und dem Alleingelassenwerden, die Angst vor einer Zeit, in der man selbst nicht mehr die Kraft hat, sein Leben zu gestalten, und niemand mehr da ist, der hilft. Der Verlust der Selbstbestimmung, der Verlust der eigenen menschlichen Würde, die damit einhergehen kann, wenn man in fremder Umgebung fern von vertrauten Menschen durch Krankheit oder Schwäche nicht mehr in der Lage ist, für sich selbst ausreichend zu sorgen. Oder die Angst vor einem Leben, das nur noch künstlich aufrechterhalten wird.

Noch viel mehr Angst besteht vor unerträglichen körperlichen Schmerzen, mit denen das Sterben verbunden sein kann, obwohl diese, wenn die richtigen Schritte eingeleitet werden, weitgehend beherrschbar sind (››› Seite 67 ff.).

Angehörige haben oft Angst vor dem Verlust des geliebten Menschen und vor dem, was kommen mag, wenn er nicht mehr da ist. Angst davor, dem Sterbenden gegenüber nicht richtig zu reagieren, und sie befürchten dabei, aus Unkenntnis zu versagen. Und natürlich wird die eigenen Angst nur allzu leicht auf andere projiziert.

Mit der Angst umgehen lernen

Ängste spielen also eine wichtige Rolle im Sterbeprozess. Gegen diese Ängste gibt es kein Patentrezept. Es hilft jedoch, wenn Sie sich einfühlsame und kompetente Gesprächspartner suchen. Wir kommen auch aus diesem Grund in vielen der Abschnitten immer wieder auf das Thema Angst zurück und geben konkrete Hinweise auf die eigenen möglichen Verhaltensweisen.

Ein gesellschaftlicher Wandel setzt ein

Selbst wenn der Tod häufig verdrängt wird: Sterben und Tod sind heute weder kirchliche Reservate noch ein geschlossener Raum außerhalb der Gesellschaft. Dazu ist die Diskussion darüber inzwischen zu breit und zu vielfältig.

Anzeichen des gesellschaftlichen Wandels

- Diskussionen und Gesetzesinitiativen um Patientenverfügungen und Sterbehilfe
- Neue Bestattungsgesetze
- Veränderte Bestattungskultur
- Verändertes Marketing um Bestattungen als Serviceprodukt
- Selbst bestimmte und geplante Bestattungen
- Steigende Zahl ambulanter Hospizdienste und Hospize sowie positive Aufnahme in der Bevölkerung
- Verschiedene Initiativen zur Sterbebegleitung und Trauerbewältigung
- Verstärkte palliativmedizinische Ausbildung bei Ärzten
- Integration von Sterbeseminaren in die Ausbildung für Krankenpflege- und Altenpflegekräften sowie ihre Umsetzung in Heimen und Krankenhäusern
- Steigende Zahl und Art der Internetbeiträge zur Thematik Tod und Sterben

Sterben in unserer Gesellschaft wandelt sich allein schon deshalb, weil die Zahl der allein lebenden Menschen und die Zahl der älteren Menschen stetig steigt. Der Anteil der über 60-Jährigen an der Bevölkerung stieg von 20 Prozent im Jahre 1995 auf circa 25 Prozent im Jahr 2005 und wird für 2040 auf etwa 35 Prozent prognostiziert. Und mit dem höheren Alter gehen gesundheitliche Beschwerlichkeiten – so steigt die Zahl der Demenzkranken von Jahr zu Jahr – einher, verbunden mit starker Abhängigkeit und Pflege in der letzten Lebensphase.

Patientenverfügungen als Ausdruck für selbstbestimmtes Sterben

Viele Menschen haben daher in den letzten Jahren Patientenverfügungen (››› Seite 19 ff.) verfasst, um selbst darüber zu entscheiden, unter welchen Bedingungen sie im Falle einer schweren Erkrankung weiterbehandelt werden wollen und wann lebensverlängernde Maßnahmen abgebrochen werden sollen. Aber nicht immer folgen Ärzte diesen Verfügungen, sodass es immer wieder zu erbitterten Kontroversen mit den Angehörigen kommt bis hin zu gerichtlichen Auseinandersetzungen. Unter anderem durch diese Erfahrungen geleitet wurde im Jahr 2004 ein Gesetzentwurf zur Stärkung der Patientenautonomie vorgelegt, der jedoch noch nicht verabschiedet wurde. Besonders heftig umstritten war, ob der Wunsch nach Abbruch lebensverlängernder Maßnahmen akzeptiert werden darf, wenn das Sterben, wie beim Wachkoma oder schwerer Demenz, nicht unmittelbar bevorsteht. In einzelnen Ländern (Schweiz, Niederlande) ist hingegen sogar aktive Sterbehilfe unter bestimmten Bedingungen erlaubt bzw. geduldet und nicht strafbar, wenn sich Menschen krankheitsbedingt in einer ausweglosen Situation befinden, aber sich nicht mehr selbst töten können.

Sterbehilfe

Aktive Sterbehilfe liegt vor, wenn ein Mensch auf sein Verlangen zum Beispiel durch eine „Todesspritze“ getötet wird. Passive Sterbehilfe erfolgt, wenn Ärzte im Wissen, dass jemand für sich lebensverlängernde Maßnahmen ablehnt, dies akzeptieren und lebens- und eventuell leidensverlängernde Maßnahmen unterlassen oder beenden. Bei der indirekten Sterbehilfe wird eine medizinische Maßnahme durchgeführt, bei der die Ärzte unter Umständen den Tod in Kauf nehmen, weil quälende Beschwerden anders nicht zu lindern sind. (Rechtlich zulässige) passive wie indirekte Sterbehilfe setzen zurzeit voraus, dass nach ärztlicher Erkenntnis der Tod unausweichlich ist und dass sie dem Patientenwillen entsprechen. Aktive Sterbehilfe ist in Deutschland gemäß § 216 StGB ein Straftatbestand.

Sterben in unserer Gesellschaft wandelt sich auch deshalb, weil keine einheitliche christliche Kultur mehr besteht. Von insgesamt etwa 82,5 Millionen Menschen, die in Deutschland leben, sind heute noch ca. 26,5 Millionen katholischen, ca. 26 Millionen evangelischen Glaubens. Dazu kommen Mitglieder christlicher Glaubensrichtungen, die so nicht erfasst werden. Etwa 2,5 Millionen Muslime, ungefähr

100.000 Buddhisten und knapp 100.000 Menschen jüdischen Glaubens dazu gerechnet, bleiben doch vermutlich ca. 25 Millionen Menschen, die keiner bestimmten Religion angehören.

Umdenken und Aufbruch

Mit der Lösung von christlich tradierten Todesvorstellungen bei vielen Menschen verändert sich naturgemäß auch die Haltung zu Tod und Leben. Die weitgehend das heutige Leben prägende materialistische Ausrichtung ist dabei nicht selten nur die Oberfläche, die an die Außenwelt dringt und konfessionell gebundene und nicht gebundene Menschen gleichermaßen zu prägen scheint. Dass und wie sich Menschen heute mit der Ewigkeit, mit der Seele, mit dem Sinn des Lebens befassen, zeigt sich seit etwa 15 Jahren anhand zahlreicher gesellschaftliche Impulse und Entwicklungen in der Sterbekultur: Es sind Organisationen, Vereine oder andere Einrichtungen wie Trauercafés entstanden, die sich um Sterbende kümmern und Trauernde begleiten. Die Hospizbewegung (››› Seite 71 ff.), Selbsthilfegruppen und auch die Kirchen tragen die Diskussion darüber in breite Kreise der Bevölkerung und treffen selbst bei vielen jüngeren Menschen auf Gesprächsbereitschaft und Offenheit.

Auch die Bestattungskultur hat sich in den letzten Jahren verändert: Mit „Friedwäldern" (››› Seite 117 f.) wurde beispielsweise eine zusätzliche Möglichkeit geschaffen, den Wünschen Sterbender nach einer Ruhestätte ihrer Wahl nachzukommen. Bestattungsgesetze wurden verändert und neben christlichen werden andere religiöse Vorstellungen berücksichtigt. Und selbst die Bestattungsunternehmen verändern sich. Ihr Aufgabenspektrum umfasst heute nicht mehr nur die Bestattung mit den dafür notwendigen Details. Einzelne Unternehmen kümmern sich intensiv um die Trauernden, sie begleiten den Trauerprozess oder verstehen sich als „Hebammen der Seele" (*www.die-barke.de*), die den Übergang in die Welt nach dem Tode individuell und würdig gestalten.

Vorbild sein für andere, um menschenwürdiges Sterben zu ermöglichen

Etliche Menschen sind also bereit, sich intensiver mit dem Tod auseinanderzusetzen. Es bedarf jedoch umfassender Aufklärung und Vorbilder, damit andere angeregt werden, ihnen zu folgen. Denn ob das Sterben in Würde vor sich gehen kann oder nicht, hängt ganz entscheidend ab vom Einsatz der Begleitpersonen, seien es Angehörige, Freunde oder Pflegekräfte.

Vielleicht kennen Sie das Gefühl: Nach dem Tod eines Angehörigen hatten Sie wochenlang so viel Organisatorisches rund um den Trauerfall zu leisten, dass Sie selbst Ihrer Familie oder Freunden dies nicht zumuten wollen. Oder Sie haben bemerkt, dass Ihnen in vielen Dingen nicht bewusst war, ob Sie im Sinne des Verstorbenen gehandelt haben. Damit die letzte Phase des Lebens und das, was nach dem Tod geschieht, Ihren Vorstellungen entspricht, sollten Sie rechtzeitig Vorsorge treffen.

Selbstbestimmte Vorsorge

Checkliste: Willenserklärungen auf einen Blick

Wichtig ist, dass Ihre Willenserklärungen im Bedarfsfall vorliegen. Wenn Sie die Übersicht nutzen, können Sie Ihren Angehörigen den Zugriff auf vorhandene Verfügungen erleichtern.

Name				
Art der Willenserklärung		**Datum**	**Aufbewahrungsort oder Name* desjenigen, bei dem sich das Original befindet**	**Kopien befinden sich**
Erbvertrag	❑ ja ❑ nein			
Testament	❑ ja ❑ nein			
Vermächtnis	❑ ja ❑ nein			
Patientenverfügung	❑ ja ❑ nein			
Betreuungsverfügung	❑ ja ❑ nein			
Vorsorgevollmacht	❑ ja ❑ nein			
Bankvollmacht	❑ ja ❑ nein			
Bankverfügung für den Todesfall	❑ ja ❑ nein			
Postvollmacht	❑ ja ❑ nein			
Vollmacht zur Besorgung des Erbscheins	❑ ja ❑ nein			
Vollmacht zur Personensorge minderjähriger Kinder	❑ ja ❑ nein			
Organspendenverfügung	❑ ja ❑ nein			
Bestattungswünsche	❑ ja ❑ nein			
	❑ ja ❑ nein			

* inklusive Adresse, Telefonnummer; falls Willenerklärungen beim Amtsgericht hinterlegt sind, auch Hinterlegungsnummer angeben.

Patientenverfügung

Ärzte dürfen einen Patienten nicht gegen dessen Willen behandeln. Wenn jemand nicht mehr in der Lage ist, sich selbst zu äußern, muss der Arzt sich am mutmaßlichen Patientenwillen orientieren. Und dann kann eine Patientenverfügung eine wichtige Bedeutung haben. Mit ihr können Sie den behandelnden Ärzten Art und Umfang gewünschter (oder auch nicht gewünschter) diagnostischer und therapeutischer Maßnahmen aufzeigen. Die Schwierigkeit: Sie legen Wünsche fest für Situationen, die Sie aus eigener Erfahrung kaum oder nicht kennen. Wer hat schon eine Vorstellung darüber, inwieweit ein Sterbender unter Hunger und Durst leidet oder wie jemand mit einer fortgeschrittenen Altersdemenz seine eigene Situation wahrnimmt? Umstände, die uns in gesunden Tagen als unerträglich scheinen, können in der konkreten Situation der Betroffenen ganz anders wahrgenommen werden. Vor Abfassen einer Patientenverfügung sollten Sie sich daher auf jeden Fall von einem Arzt beraten lassen.

Das Recht auf Selbstbestimung bei medizinischer Behandlung nutzen

Checkliste

Was sollte in einer Patientenverfügung enthalten sein?

- [ ] Voller Name, Geburtsdatum, aktuelle Adresse des Verfügenden
- [ ] Bestätigung, dass die Verfügung aus freiem Willen verfasst wurde und der Verfügende sich dabei der Bedeutung der niedergeschriebenen Entscheidungen bewusst war
- [ ] Bestätigung, dass vor Abfassen der Verfügung eine Beratung durch einen Arzt stattgefunden hat
- [ ] Angabe der Situationen, für die die Verfügung gelten soll (z. B. im Sterbeprozess, im Endstadium einer tödlich verlaufenden und unheilbaren Krankheit, Wachkoma)
- [ ] Angaben der Maßnahmen, die durchgeführt/nicht durchgeführt werden sollen (z. B. Wiederbelebung, künstliche Beatmung, Ernährung und Flüssigkeitszufuhr, lebensverlängernde oder -gefährdende Maßnahmen, andere medizinische Maßnahmen wie Organtransplantation, Amputation, Verwendung noch nicht zugelassener Medikamente, Maßnahmen zur Linderung von Angst, Schmerzen, Atemnot, Übelkeit, Hunger- und Durstgefühl)
- [ ] Allgemeine Wertvorstellungen
- [ ] Regelmäßige Aktualisierung mit Datum und Unterschrift

Anerkennung einer Patientenverfügung

„Art und Ausmaß einer Behandlung sind gemäß der medizinischen Indikation vom Arzt zu verantworten; dies gilt auch für die künstliche Nahrungs- und Flüssigkeitszufuhr. (...) Bei einwilligungsunfähigen Patienten ist die in einer Patientenverfügung zum Ausdruck gebrachte Ablehnung einer Behandlung für den Arzt bindend, sofern die konkrete Situation derjenigen entspricht, die der Patient in der Verfügung beschrieben hat und keine Anhaltspunkte für eine nachträgliche Willensänderung erkennbar sind. (...) Anhaltspunkte für den mutmaßlichen Willen des Patienten können neben früheren Äußerungen seine Lebenseinstellung, seine religiöse Überzeugung, seine Haltung zu Schmerzen und zu schweren Schäden in der ihm verbleibenden Lebenszeit sein."

Grundsätze der Bundesärztekammer zur Sterbebegleitung, Deutsches Ärzteblatt 101, Ausgabe 19 vom 07.05.2004

Damit die Patientenverfügung in der jeweiligen Situation aussagefähig ist, sollten Sie möglichst genau beschreiben, für welche Situation Sie welche Entscheidungen treffen wollen. Da es schwierig ist, für jeden Einzelfall genaue Wünsche zu formulieren, sollten Sie zusätzlich allgemein Ihre Wertvorstellungen aufführen. So kann der Arzt gegebenenfalls Ihren Willen für die einzelne Situation ableiten.

Eine Gewähr, dass Patientenverfügungen in jedem Fall von den behandelnden Ärzten anerkannt werden, gibt es nicht. So ist zum Beispiel nicht immer der Wille des Patienten eindeutig und konkret genug auf die jeweilige Situation bezogen. Dies kann zum Beispiel schnell bei Musterverfügungen passieren. Oder die Verfügung ist schon älteren Datums oder Angehörige äußern sich unterschiedlich zum zuletzt geäußerten Patientenwunsch. Dann wird sich der Arzt in der Praxis meist an das Amtsgericht wenden, um eine richterliche Genehmigung einzuholen.

Hier können Sie vorsorgen, indem Sie im Rahmen einer Vorsorgevollmacht eine Person des Vertrauens zu benennen, die in solchen Fällen entscheiden soll (››› Seite 21 ff.). Aber auch dann muss häufig das Amtsgericht eingeschaltet werden.

Tipp

Ausführliche Informationen mit Fragen zu individuellen Wertvorstellungen, Textbausteinen sowie einem Muster einer Patientenverfügung bietet der Ratgeber „Patientenverfügung, Vorsorgevollmacht, Betreuungsverfügung" (››› Seite 207).

	Patientenverfügung	Vorsorgevollmacht	Betreuungsverfügung
Adressat	Arzt	bevollmächtigte Person	Vormundschaftsgericht, Betreuer
Anwendungsbereich	medizinische Angelegenheiten (Gesundheitssorge)	alle oder spezielle Angelegenheiten (z. B. Gesundheitssorge, finanzielle Angelegenheiten)	Bereiche, für die rechtliche Betreuung notwendig ist
Geschäftsfähigkeit der Verfügenden erforderlich	nein	ja	nein
In-Kraft-Treten	bei jedem medizinischen Eingriff	sofort oder später, entsprechend Formulierung im Innenverhältnis	ab Einrichtung der Betreuung
Form	keine Vorgaben, möglichst (hand-) schriftlich, evtl. Unterschrift des Arztes	schriftlich, evtl. notarielle Beurkundung sinnvoll	schriftlich, evtl. notarielle Beglaubigung sinnvoll
Widerruf	jederzeit, auch mündlich oder durch Geste	schriftlich, nur bei Geschäftsfähigkeit	jederzeit
Kontrolle	keine	keine (evtl. Kontrollbetreuer)	Vormundschaftsgericht
Nutzung von Vordrucken	nicht empfehlenswert	möglich	möglich

Vorsorgevollmacht

Mit einer Vorsorgevollmacht ermächtigen Sie eine (oder auch mehrere) ausgewählte Person(en), in Ihrem Namen tätig zu werden, zum Beispiel gegenüber Behörden, oder um Geschäfte abzuwickeln, Verträge zu schließen und Entscheidungen zu treffen. Die Vollmacht sollte schriftlich aufgesetzt werden; Sie müssen mindestens 18 Jahre alt und uneingeschränkt geschäftsfähig sein. Wenn es um höhere Vermögenswerte geht, sollte ein Notar die Vollmacht zusätzlich beurkunden. Dies ist bei Grundstücksgeschäften ohnehin vorgeschrieben.

Wichtig

Wählen Sie nur eine Person, der Sie absolut vertrauen können, zum Bevollmächtigten

Der Unterschied zwischen einer „normalen“ Vollmacht und einer Vorsorgevollmacht besteht darin, dass Letztere nicht sofort nach der Unterschrift verwendet werden soll, sondern erst unter ganz bestimmten Umständen – für die Sie eben vorsorgen wollen –, nämlich wenn Sie selbst keine Entscheidungen (mehr) treffen können. Wenn Sie in einer Gültigkeitsregelung festlegen, unter welchen Voraussetzungen die Vorsorgevollmacht wirksam sein soll, muss der Bevollmächtigte jeweils gegenüber Dritten nachweisen, dass die in der Vollmacht formulierten Bedingungen eingetreten sind. Dies ist oftmals sehr umständlich, sodass es meist günstiger ist, das folgende Verfahren zu wählen: Sie stellen eine Vorsorgevollmacht aus, die gegenüber Dritten sofort gültig ist. Den Zeitpunkt, ab wann die Vollmacht verwendet werden darf, sollten Sie dann im so genannten Innenverhältnis zwischen Ihnen und dem Bevollmächtigten festlegen. Wenn sich der Bevollmächtigte darüber hinwegsetzt, ist er Ihnen gegenüber haftbar.

Sinnvoll ist es grundsätzlich, eine Generalvollmacht zu erteilen. Das heißt: Sie werden in allen persönlichen Angelegenheiten vertreten, außer in höchst persönlichen Sachen wie dem Testament. Sie können aber auch lediglich die Lebensbereiche, für die die Vollmacht gelten soll, so genau wie möglich beschreiben, etwa

- Bankgeschäfte (Vermögensverwaltung),
- Rentenangelegenheiten,
- Mietverhältnis,
- Gesundheitsangelegenheiten,
- Entbindung von der ärztlichen Schweigepflicht,
- Aufenthaltsbestimmungsrecht.

Spezielle Bevollmächtigungen wie die Entscheidung über freiheitsentziehende und -beschränkende Maßnahmen (z. B. Anbringen von Bettgittern) sowie bei schwer wiegenden medizinischen Maßnahmen und dem Abbruch lebensverlängernder Maßnahmen müssen explizit schriftlich in der Vorsorgevollmacht erteilt werden. Dazu muss zudem das Vormundschaftsgericht seine Zustimmung erteilen.

Checkliste

Was sollte in einer Vorsorgevollmacht enthalten sein?

- [ ] Voller Name, Geburtsdatum, aktuelle Adresse des Verfügenden
- [ ] Voller Name, Geburtsdatum, aktuelle Adresse des Bevollmächtigten
- [ ] Datum, Ort und Unterschrift des Vollmachtgebers
- [ ] Datum, Ort und Unterschrift des Bevollmächtigten
- [ ] Bestätigung eines Zeugen, dass sich Vollmachtgeber über die Tragweite seiner Entscheidungen bewusst war, als er die Vollmacht ausgestellt hat
- [ ] Situationen und Lebensbereiche, für die die Vollmacht gelten soll
- [ ] Gegebenenfalls Aufteilung verschiedener Bereiche an verschiedene Personen, dann aber Aussage, wer zur endgültigen Entscheidung befugt ist
- [ ] Gegebenenfalls Ersatzbevollmächtigter
- [ ] Entbindung verschiedener Personen (Mitarbeiter von Behörden, Banken, Krankenkassen, Ärzte) von der Schweigepflicht gegenüber dem Bevollmächtigten
- [ ] Hinweis, dass die Vollmacht eine Betreuung ersetzen soll
- [ ] Regelung zum In-Kraft-Treten (besser sofortige Gültigkeit, ergänzt durch Binnenvertrag)
- [ ] Zeitliche Wirksamkeit (am besten über den Tod hinaus bis zur Erteilung eines Erbscheins)
- [ ] Gegebenenfalls Aktualisierung mit Datum und Unterschrift

Generell sollten Sie mit dem Bevollmächtigten über Ihre Wünsche und Vorstellungen sprechen (und diese auch schriftlich niederlegen), damit er danach handeln kann. Wenn Sie in der Vollmacht den Hinweis aufnehmen, dass Ihre Vollmacht eine Betreuung ersetzen soll, kann meist ein Betreuungsverfahren vermieden werden. Notariell beglaubigte oder beurkundete Vorsorgevollmachten können über den Notar in einem elektronischen Register der Bundesnotarkammer erfasst werden, auf die Vormundschaftsgerichte Zugriff haben.

Weitere Informationen zur Vorsorgevollmacht finden Sie wiederum im Ratgeber „Patientenverfügung, Vorsorgevollmacht und Betreuungsverfügung“ (››› Seite 207).

Betreuungsverfügung

Kann ein Mensch aufgrund einer Krankheit oder Behinderung seine Angelegenheiten nicht mehr selber regeln, so bekommt er einen Betreuer zur Seite gestellt (nach § 1896 BGB). Der Betreuer ist der gesetzliche Vertreter des Betroffenen, der aber nach geltendem Recht nicht mehr als entmündigt gilt. Die Betreuung kann von Angehörigen, aber auch von einem Pflegedienst, Krankenhaus-Sozialdienst oder Gesundheitsamt angeregt werden. Das Amtsgericht entscheidet aufgrund eines ärztlichen Gutachtens und eines Sozialberichtes, ob und für welche Lebensbereiche eine Betreuung notwendig ist. Im Verfahren wird der Betroffene persönlich durch den Amtsrichter angehört und kann selbst Wünsche äußern, wer zu seinem Betreuer bestellt werden soll. Das Amtgericht beauftragt schließlich den Betreuer.

Tipp

Nicht notwendig ist ein Betreuungsverfahren oft dann, wenn der Betroffene in einer Vorsorgevollmacht einen Bevollmächtigten ernannt hat.

In einer Betreuungsverfügung können Sie zum einen festlegen, wen Sie als Betreuer wünschen, zum anderen können sie aber auch dem Betreuer Vorgaben machen, was Sie wie geregelt haben wollen. Für die Entscheidungen des Betreuers sind also nicht dessen Wünsche maßgeblich, sondern die des Betreuten – allerdings nur in soweit, als sie dem Wohl des Betreuten dienen.

In einigen Bundesländern können Betreuungsverfügungen bei den Vormundschaftsgerichten hinterlegt werden. Wenn eine notariell beglaubigte oder beurkundete Betreuungsverfügung im Register der Bundesnotarkammer erfasst wurde, können die Gerichte Informationen darüber elektronisch abrufen.

Nur „geeignete“ Personen als Betreuer

Zum Betreuer können alle „geeigneten“ Personen bestellt werden: dies können nahe Angehörige, Menschen aus der Nachbarschaft, Freunde, Mitarbeiter eines Betreuungsvereines oder Berufsbetreuer (meist Rechtsanwälte) sein. Wenn Sie bereits in einem Heim oder einer ähnlichen Einrichtung leben, darf jedoch kein Mitarbeiter dieser Einrichtung gewählt werden, der zu dieser in einem Abhängigkeitsverhältnis oder in einer anderen engen Beziehung steht.

Die Rechte und Pflichten eines Betreuers richten sich nach dem vom Gericht zugewiesenen Aufgabenkreis. Dies können beispielsweise folgende Punkte sein:

Betreuer darf nur in zugewiesenen Handlungsfeldern aktiv sein

- Gesundheitsfürsorge,
- Vermögensangelegenheiten,
- Wohnungsangelegenheiten,
- Empfangen und Öffnen der Post,
- Aufenthaltsbestimmung.

Zu einzelnen Rechtshandlungen (freiheitsentziehende und -beschränkende Maßnahmen, schwer wiegende medizinische Eingriffe und Abbruch lebensverlängernder Maßnahmen) benötigt der Betreuer die ausdrückliche Genehmigung des Vormundschaftsgerichtes. Dem Gericht gegenüber ist der Betreuer auch zur Rechenschaft verpflichtet. Dies geschieht durch einen meist jährlichen Sachbericht und durch Rechnungslegung (Einnahmen und Ausgaben). Angehörige ersten Grades (Eltern, Kinder) sind von der Pflicht zur Rechnungslegung befreit.

Was viele nicht wissen: Betreuer haben Anspruch auf eine Entschädigung. Bei ehrenamtlichen Betreuern sind dies zumindest 312 Euro Aufwandspauschale pro Jahr. Bei Berufsbetreuern gelten Stundensätze zwischen 18 und 31 Euro. Diese Betreuer müssen durch detaillierte Aufzeichnungen nachweisen, wie viel Zeit sie wofür verwendet haben. Die Kosten trägt in aller Regel der Betreute selbst. Ausnahme: Ist er mittellos, zahlt der Staat aus dem Topf der Justizministerien der Länder.

Betreuung von Profis kann teuer werden

Wenn Sie mehr zur Betreuungsverfügung wissen wollen, können Sie dies im Ratgeber „Patientenverfügung, Vorsorgevollmacht und Betreuungsverfügung“ nachlesen (››› Seite 207).

Vorsorge für die Pflege

Durch Krankheit, Unfall oder hohes Alter ist schwerste Pflegebedürftigkeit nicht auszuschließen. Seit 1995 springt die gesetzliche Pflegeversicherung als fünfte Säule der Sozialversicherung im Pflegefall ein. Grundsatz: Jeder, der eigenes Einkommen hat (auch Rentner), muss in die Pflegeversicherung einzahlen. Und jeder Pflegebedürftige ist Nutznießer, soweit die Pflegekasse nach einer Begutachtung durch den Medizinische Dienst die Pflegebedürftigkeit anerkennt. Die Einzahlung kostet jeden Monat zurzeit (Stand: 2005) 1,7 Prozent des Bruttoeinkommens, maximal rund 60 Euro (Kinderlose ab Jahrgang 1940 zahlen seit 1. Januar 2005 1,95 Prozent). Der Arbeitgeber zahlt davon 0,85 Prozent.

Allerdings gibt es auch eine Schattenseite des Systems: Das Geld reicht nicht für Rundum-Pflege, sondern nur für eine Grundabsicherung.

Leistungen der gesetzlichen Pflegeversicherung

Leistungen		Pflegestufe I (erheblich)	Pflegestufe II (schwer)	Pflegestufe III (schwerst)
Häusliche Pflege	Sachleistung[1]	384	921	1.432[3]
	Pflegegeld[2]	205	410	665
Ersatzpflege - nicht erwerbsmäßig	Aufwendungen max. bis zu 4 Wochen im Jahr	205[4]	410[4]	665[4]
- erwerbsmäßige		1.432	1.432	1.432
Kurzzeitpflege	Aufwendungen max. bis zu 4 Wochen	1.432	1.432	1.432
Teilstationäre Tages- und Nachtpflege	Aufwendungen pro Monat	384	921	1.432
Vollstationäre Pflege	pauschal monatlich	1.023	1.279	1.432[5]
Vollstationäre Einrichtung der Behindertenhilfe	Aufwendungen pro Monat	10 % des Heimentgelts, maximal 256	10 % des Heimentgelts, maximal 256	10 % des Heimentgelts, maximal 256

[1] für Pflegefachkraft, [2] für Angehörige, [3] im Härtefall bis 1.918 Euro, [4] auf Nachweis bis zu 1.432 Euro notwendige Aufwendungen (Verdienstausfall, Fahrtkosten), [5] im Härtefall bis1.688 Euro; alle Angaben in Euro pro Monat

Ein Schwerstpflegebedürftiger, der mehr als fünf Stunden tägliche Betreuung zuhause erhalten muss, bekommt bis zu 1.432 Euro für eine Pflegefachkraft. Das entspricht einem Stundensatz von knapp 10 Euro. Tatsächlich betrug er schon 1995 rund 25 Euro. Die gesetzlich bereitgestellte Summe reichte damit nur einen halben Monat – Tendenz fallend.

Die Hoffnung, niemals zum Pflegefall zu werden, kann zu einer unangenehmen Falle werden. Immerhin sind 36 Prozent der 85- bis 90-Jährigen pflegebedürftig. Ob genügend Geld für den Ernstfall vorhanden ist, zeigt sich leider erst, wenn es für Vorsorge zu spät ist. Erfahrungsgemäß muss ein Betrag von ungefähr 3.000 Euro monatlich zur Verfügung stehen. Ohne private Vorsorge ist dies für die meisten Menschen gerade bei lang andauernder Pflege zu viel: Übersteigen die Kosten der Pflege die Leistungen der gesetzlichen Pflegeversicherung, geht es an das Ersparte und andere Vermögenswerte. Wenn nur noch das so genannte „Schonvermögen" vorhanden ist, leistet auch das Sozialamt Hilfestellung. Das Amt darf aber auf bestimmte Einkünfte und Vermögenswerten der Ehegatten und Verwandten ersten Grades (Kinder und Eltern) zurückgreifen (§ 91 Bundessozialhilfegesetz).

Mangelnde Vorsorge kann ganze Familien finanziell empfindlich treffen

Private Zusatzpolicen im Überblick

Als Ausweg bietet sich eine private Pflegezusatzversicherung an, mit der sich die potenzielle Finanzierungslücke schließen lässt. Günstig dabei: Das Finanzamt beteiligt sich an der Vorsorge und spendiert einen zusätzlichen Sonderausgabenhöchstbetrag von 184 Euro im Jahr für alle, die nach dem 31. Dezember 1957 geboren sind.

Beiträge sind in der Steuererklärung absetzbar

Pflegetagegeld

Unabhängig von den tatsächlichen Pflegekosten gibt es Geld, allerdings hängt die Auszahlung von der Pflegebedürftigkeit ab: in Stufe I meist 25 Prozent des vollen Tagegeldes, in Stufe II 50 und Stufe III 100 Prozent. Meist vergehen nach Vertragsschluss drei Jahre, ehe die Versicherung zahlt (außer bei Unfall, der zu Pflegebedürftigkeit führt). Für 100 Euro Tagegeld im Pflegefall zahlt eine Frau (50 Jahre) rund 110 Euro pro Monat, ein gleichaltriger Mann rund 70 Euro.

Pflegekosten

Je nach Pflegebedürftigkeit muss immer erst die Pflichtversicherung zahlen. Die Zusatzpolice bietet häufig entweder die doppelte Leistung der Pflichtversicherung oder übernimmt von den Mehrkosten einen bestimmten Prozentsatz. Nach Abschluss dieser Versicherung gibt es keine Wartezeit. Für Mehrleistung im Pflegefall, die das Doppelte der Pflichtversicherung ausmacht, zahlt eine Frau (50 Jahre) rund 40 Euro pro Monat, ein gleichaltriger Mann 30 Euro.

Pflegerente

Meist Zusatz zur Kapital bildenden Lebensversicherung (mit Gesundheitsprüfung!) oder zur Privatrente. Wer mindestens sechs Monate pflegebedürftig ist, erhält lebenslang eine monatliche Pflegerente. Der Betrag ist abhängig von der Versicherungssumme der Lebens- oder Privatrentenversicherung. Die Rente hängt von der Pflegebedürftigkeit ab: In Stufe I gibt es 40 Prozent der vollen Pflegerente, in Stufe II 70 und Stufe III 100 Prozent. Je mehr Verrichtungen des täglichen Lebens Sie also nicht mehr allein schaffen, desto höher die Rente (Zahlung ohne Wartezeit). Für 1.000 Euro monatliche Pflegerente zahlt eine Frau (50) rund 65 Euro jeden Monat, ein gleichaltriger Mann 45 Euro.

Pflegefall-Vorsorge

- ☐ Die Pflegeversicherung ist nur eine Grundabsicherung!
  Eine private Pflegezusatzversicherung hilft, um die Restkosten abzudecken.
- ☐ Da niemand die Entwicklung der Pflegekosten kennt, sind starre Tagegeld- oder Pflegerentenpolicen beim privaten Zusatzschutz womöglich im Pflegefall zu niedrig. Die Pflegekostenversicherung dürfte günstiger sein.
- ☐ Für alle nach 1957 Geborenen: Beitrag für Zusatzversicherung ist bei Einkommensteuer absetzbar.
- ☐ Zeichnet sich Pflegebedürftigkeit ab, sofort bei der Kasse Antrag auf Pflegeleistungen stellen. Vom Antragseingang hängt der Zahlungsbeginn ab.
- ☐ Zeichnet sich Pflegebedürftigkeit ab: Angehörige, Nachbarn oder Freunde ansprechen. Laienpfleger bekommen kostenlose professionelle Unterweisung und erhalten u. U. (geringfügige) Rentenbeiträge für sich gutgeschrieben.
- ☐ Gute Tipps zur gesetzlichen Pflegeversicherung bieten die Ratgeber „Pflegefall – was tun?“ und „Pflegegutachten/-tagebuch“ (››› Seite 207).
- ☐ Gute Tipps zu privaten Pflegezusatzversicherungen finden sich regelmäßig in der Zeitschrift Finanztest (zuletzt 12/2002).

Testament und Spenden

Wer selbst entscheiden möchte, was mit den eigenen Vermögenswerten geschieht, muss auch hier Vorsorge treffen. Andernfalls greift das gesetzliche Erbrecht. Im Folgenden finden Sie nur einige Grundgedanken zur Regelung des Nachlasses, denn das Thema würde für sich genommen schon ein ganzes Buch füllen.

Wichtig

Regeln Sie Ihren Nachlass sorgfältig, damit kein unnötiger Streit bei den Hinterbliebenen aufkommt. Lassen Sie sich gegebenenfalls bei einem spezialisierten Rechtsanwalt oder Notar beraten.

Testament

Bei fehlender Erbeinsetzung gilt zwingend die gesetzliche Erbfolge. Dann werden automatisch Ehepartner und Kinder (als Erben erster Ordnung) mit dem Vermögen bedacht. Sind mehrere Kinder da, so erben sie zu gleichen Teilen. Welcher Erbteil dem Ehegatten zusteht, hängt von zwei Faktoren ab: Einmal richtet sich die Höhe des Erbteils danach, in welchem Güterstand die Eheleute gelebt haben. Zum anderen ist die Höhe des Erbteils abhängig, ob Verwandte des Verstorbenen ebenfalls erben und welche Verwandten vorhanden sind. So können also, wenn keine Kinder vorhanden sind, auch weiter entfernte Verwandte als Erben zum Zuge kommen. Nichteheliche Lebenspartner (außer bei eingetragenen Lebenspartnerschaften) erben grundsätzlich nichts. Wenn Sie anderweitiges bestimmen wollen, muss eine letztwillige Verfügung (Testament) oder ein Erbvertrag her. Dieser letzte Wille kann jederzeit geändert, widerrufen, ergänzt oder vernichtet werden. Im Regelfall steht den gesetzlichen Erben ein Pflichtanteil (= die Hälfte des gesetzlichen Erbes) zu (››› Seite 172).

Ehepaare können ein gemeinschaftliches Testament aufsetzen; dann müssen auch beide unterschreiben. Mit dem so genannten Berliner Testament setzen sich Ehegatten wechselseitig zu Alleinerben ein und bestimmen, dass nach dem Tod der beiderseitige Nachlass an einen Dritten (z. B. Kinder) fallen soll. Nachteilig ist, dass so zweimal Erbschaftssteuer gezahlt werden muss. Ungünstig kann auch sein, dass der überlebende Ehegatte an der vorhandenen Anordnung nichts mehr ändern kann und dass gegebenenfalls Vorsorge getroffen werden muss, wenn Kinder den Pflichtteil geltend machen.

Berliner Testament für Ehegatten und gleichgeschlechtliche Lebenspartnerschaften

Eigenhändiges Testament kostet keine Notargebühren – dafür müssen die Erben oft einen kostenpflichtigen Erbschein beantragen

Eigenhändiges oder notarielles Testament

Das Testament muss eigenhändig (handschriftlich vom ersten bis zum letzten Wort) geschrieben sein, mit Vor- und Zuname unterschrieben und am besten auch mit Ort und Datum versehen werden. Als Alternative kommt das Testament vor einem Notar in Betracht (gebührenpflichtiges öffentliches Testament), dem Sie Ihren letzten Willen mündlich vortragen und der ihn dann niederschreibt. Das öffentliche Testament wird immer beim Amtsgericht (das für den Sitz des Notars zuständig ist) hinterlegt, das eigenhändige Testament kann überall aufbewahrt (dann sollten Sie aber dafür sorgen, dass eine vertrauenswürdige Person Bescheid weiß) oder beim Amtsgericht gebührenpflichtig hinterlegt werden (dann bekommen Sie einen Hinterlegungsschein).

Gesamtrechtsnachfolge

Nach dem Tod geht das gesamte Vermögen des Erblassers – eventuell nach Erfüllung von separaten Zuwendungen und Auflagen – auf einen (Alleinerbe) oder mehrere Erben (Erbengemeinschaft) über. Sie werden mit dem Todestag Gesamtrechtsnachfolger mit allen Rechten und Pflichten. Es ist nicht möglich, einzelne Teile aus dem Nachlass herauszunehmen und sich um den Rest des Nachlasses nicht zu kümmern. Sofern keine Alleinerbschaft besteht, entsteht ein gemeinschaftliches Vermögen, das der Erbengemeinschaft gesamt zur Verfügung steht. Lassen Sie sich gegebenenfalls von einen spezialisierten Anwalt oder einem Notar beraten.

Vorsicht

Schenkungen können nur im Ausnahmefall zurückgefordert werden

Schenkungen

Es kann durchaus für alle Beteiligten von Vorteil sein, das Erbe vorzuziehen. Wichtigster Grund: Bei jeder Erbschaft, aber auch jeder Schenkung sitzt ein stiller Teilhaber mit am Tisch – das Finanzamt. Wer schon zu Lebzeiten Vermögen weiterreicht, der erspart seinen Erben später Erbschaftsteuer. Zwar macht das Finanzamt (außer bei Eltern und Großeltern) keinen Unterschied, ob etwas vererbt oder geschenkt wird, – es gelten gleiche Steuersätze und Freibeträge. Aber: Diese Freibeträge räumt der Fiskus beim Schenken alle zehn Jahre aufs Neue ein. Dem Ehepartner können Sie so alle zehn Jahre Werte bis zu 307.000 Euro steuerfrei schenken, jedem Kind bis zu 205.000 Euro (››› Seite 179).

Checkliste

Gestaltung und Inhalt eines Testaments

- [ ] Testamentarischer Grundgedanke: Wer soll Erbe werden? Zu welchem Beteiligungsverhältnis sollen die einzelnen Erben bedacht werden? Wer soll nicht Erbe werden und in welcher Form soll derjenige ausgeschlossen werden? (Gesetzliche Erbfolge beachten, insbesondere auch im Hinblick auf mögliche Pflichtteilsansprüche!)
- [ ] Prüfen Sie die Nachteile einer Erbengemeinschaft: Sie entsteht erst durch den Erbfall und bildet daher meistens eine instabile Einheit. Kein Erbe erwirbt einen Nachlassgegenstand alleine. Eine Auseinandersetzung über den Nachlass kann in anderer Weise erfolgen, als Sie dies gewünscht hätten.
- [ ] Einsatz von Ersatzerben: Soll es für später womöglich wegfallende Erben Ersatzerben geben oder sollen die übrigen Erben mehr bekommen?
- [ ] Aus welchen Teilen (Kapitalwerte, Haus- und Bodenbesitz, Betriebsvermögen, sonstiger Nachlass, Schulden) besteht der Nachlass? Wie soll dies verteilt werden? Ist Vermögen im Ausland vorhanden (››› Seite 173)?
- [ ] Neben der Erbeinsetzung und -verteilung kann das Testament auch Regelungen enthalten, in welcher Form der Wille des Erblassers umgesetzt werden soll. Hierzu gehören beispielsweise:
  – Teilungsanordnungen (nach § 2048 BGB, um bestimmte Teile des Erbes bestimmten Personen zuzusprechen)
  - Ausschluss einer Auseinandersetzung (wenn wirtschaftliche Werte nicht durch eine Teilung zerschlagen werden sollen),

  – Vermächtnisse (wenn einzelne Positionen aus dem Vermögen bestimmten Personen vermacht wird, die nicht Erben sind),

  – Vorausvermächtnisse (nach § 2150 BGB, wenn ein Erbe mehr als seinen Erbteil bekommen soll – das zugewendete Vermögen wird dann nicht auf die Erbquote angerechnet),

  – Auflagen (können den Erben oder Vermächtnisnehmern erteilt werden, gebenenfalls Sanktionsmöglichkeit bedenken),

  – Testamentsvollstreckung (wenn die Abwicklung des Nachlasses geregelt werden soll) oder

  – Anweisung einer Vor- und Nacherbschaft (wenn das Erbe zu einem späteren Zeitpunkt einem Nacherben übertragen werden soll – Vorerbe dadurch in Verfügungsgewalt stark beschränkt.)
- [ ] Erbschaftsteuerliche Auswirkungen (››› Seite 177 ff.)

Erbvertrag

Im Gegensatz zur einseitigen Verfügung beim Testament ist der Erbvertrag eine Vereinbarung zwischen mindestens zwei Personen, die nach Abschluss nicht einseitig geändert werden kann. Erblasser legen sich damit nahezu unwiderruflich auf die Menschen fest, die erben sollen. Für nicht verheiratete Paare bietet er eine verlässliche Möglichkeit, den gemeinsamen Nachlass zu regeln. Allerdings empfiehlt es sich, im Vertrag ein Rücktrittsrecht vorzubehalten, falls sich die Partner wieder trennen. Aber auch ein Großvater, der seinen Enkel zum Alleinerben machen will, braucht den Erbvertrag. In jedem Fall müssen alle Beteiligten den Vertrag vor einem Notar schließen (gebührenpflichtig); der Kontrakt wird dann beim Amtsgericht hinterlegt (gebührenpflichtig).

Geschenke an Dritte nur zulässig, wenn der Erblasser sich dadurch vom Beschenkten einen Vorteil verschafft, zum Beispiel von ihm gepflegt wird

Der Erblasser hat weiterhin das Recht, sein Vermögen nach Herzenslust auszugeben und zu veräußern: Sie sind beim Erbe nur an die Vertragspersonen gebunden, nicht an eine bestimmte Höhe des Erbes. Vorsicht ist jedoch geboten bei Schenkungen an Mitmenschen, die im Erbvertrag nicht bedacht sind: Die kann der Erbvertragspartner nach dem Tod des Erblassers unter Umständen vom Beschenkten zurückverlangen.

Erblasser können nur in zwei Fällen einseitig vom Vertrag zurücktreten:
- wenn das Rücktrittsrecht im Vertrag steht oder
- das gesetzliche Rücktrittsrecht greift (nur bei Verfehlung und bei ausgebliebener vertraglich vereinbarter Gegenleistung).

Die Kosten rund ums öffentliche Testament, den Erbvertrag und die Aufbewahrung richten sich nach der Kostenordnung des Nachlassgerichts und der Notare. Bei einem Vermögenswert von 50.000 Euro sind rund 500 Euro fällig.

Tipp

Wichtige Informationen um das Thema Testament und Erbschaft finden Sie in dem Ratgeber „ABC des Erbrechts" (››› Seite 208).

Stiftung

Bereits zu Lebzeiten, aber auch nach dem Tode per Testament lässt sich (ein Teil des) Vermögen(s) in eine gemeinnützige Stiftung übertragen. Wird eine Stiftung ins Leben gerufen, muss ihr Kapital zugeführt werden. Bis zu 307.000 Euro kann der Stifter als Sonderausgabe bei seiner Einkommensteuererklärung geltend machen (Gründungshöchstbetrag). Weitere maximal 20.451 Euro sind pro Jahr abziehbar. Stiftungen, die private Zwecke verfolgen, insbesondere Familienstiftungen, deren Förderung sich lediglich auf einen zum Teil eng begrenzten Personenkreis erstreckt, sind diese steuerlichen Vergünstigungen in der Breite versagt. Es sind jedoch einige Vergünstigungen möglich, sofern die Angehörigen mindestens 25 Prozent Zugriff auf das Vermögen behalten (nach einem Urteil des Bundesfinanzhofs vom 10. Dezember 1997). Allerdings fällt alle 30 Jahre eine Erbersatzsteuer an, eine Art pauschale Erbschaftsteuer.

Im Todesfall wird zunächst Erbschaftsteuer vermieden. Dies lohnt vor allem bei Familienunternehmen (nur Kapitalgesellschaften), die bereits durch die Erbschaftsteuer in ihrem Bestand gefährdet sein könnten. Die Erben werden dennoch nicht leer ausgehen: Als Ausgleich für den entgangenen Pflichtteil kann das Stiftungsvermögen mit Nießbrauchsvorteilen zu Gunsten der „Enterbten“ belastet werden. Zusätzlich darf bis zu ein Drittel der Stiftungseinkünfte (etwa Kapitalerträge) an die Angehörigen des Stifters gezahlt werden. Das ist für die Empfänger einkommensteuerpflichtig.

Tipp

Informationen zur Einrichtung von Stiftungen gibt der Bundesverband Deutscher Stiftungen (Adresse ››› Seite 200).

Spenden / Vermächtnis

Geld für einen guten Zweck zu spenden, das dann auch bei den Bedürftigen ankommt – dies ist Spendern insbesondere bei Gaben anlässlich ihres Todesfalls wichtig. Hier wird die Spende dann zum Vermächtnis (von „jemandem etwas vermachen“). Der Vermögensvorteil wird im Testament oder Erbvertrag festgelegt, ohne den Begünstigten als Erben einzusetzen. Der „Vermächtnisnehmer“ (auch ein Verein oder eine Stiftung) kann seinen Anspruch gegenüber den Erben geltend machen.

Als Vermächtnis kommt in Betracht:

- Auszahlung eines festgelegten Geldbetrages,
- Übertragung von Eigentum (etwa eine Kunstsammlung),
- Einräumung eines Nutzungsrechts (etwa Nießbrauch des Hauses).

Spendensiegel für seriöse Organisationen

Hilfe bei der Auswahl geeigneter Spendenempfänger gibt das Deutsche Zentralinstitut für soziale Fragen (DZI; Adresse ››› Seite 200). Die Stiftung wird als wissenschaftliches Dokumentationszentrum vom Berliner Senat, dem Bundesfamilienministerium, der IHK Berlin, dem Deutschen Städtetag und der Bundesarbeitsgemeinschaft der freien Wohlfahrtspflege getragen. Sie prüft die Geschäftsgebaren und vergibt seit 1992 ein Spendensiegel für seriöse Organisationen (gilt jeweils ein Jahr) – die Namensliste wird viermal im Jahr aktualisiert. Eine Spenderberatung ist kostenlos; Rechtsberatung im Zusammenhang mit Spenden ist jedoch ausgeschlossen. Jeder Interessent erhält schriftlich Auskunft zu höchstens drei Organisationen (gegen Einsendung von 1,65 Euro in Briefmarken).

Das DZI hatte sich jahrelang nur mit humanitär-karitativen Organisationen befasst. Seit Anfang 2004 kann das Spendensiegel von allen Spendenorganisationen beantragt werden, die als steuerbegünstigt anerkannt sind (nach §§ 51 ff. Abgabenordnung). Damit steht das Prüfverfahren auch Umwelt-, Tierschutz- und Kulturorganisationen und anderen Akteuren des so genannten Non-Profit-Sektors offen. Rund 185 Organisationen tragen das DZI-Spendensiegel. Die aktuelle Liste und Zusatzinformationen finden Sie auch im Internet (*www.dzi.de/bulletin.htm*).

Ist die Seriosität des Spendenempfängers geklärt, sollten Sie in Ruhe auswählen. Überlegen Sie sich gut, ob Sie sich zu regelmäßig wiederholenden Zahlungen verpflichten möchten. Vorsicht ist geboten, wenn Werber auf der Straße oder an der Wohnungstür Sie überrumpeln wollen oder die Mitleidsmasche anwenden. Nicht selten wird da aus der vermeintlichen Spende ein ungewolltes Zeitschriften-Abonnement oder eine oft zweijährige Mitgliedschaft in einem Verein.

Organspendenverfügung

Nicht nur Blutspende hilft, Leben zu retten, Schwerstkranke sind oft auch auf neue Organe angewiesen, um zu überleben. Rund 70 Prozent der Deutschen sind Umfragen zufolge zur Organspende bereit; jedoch weit weniger verfügen tatsächlich durch Ausfüllen eines Organspendeausweises zu Lebzeiten, dass ihnen bei Bedarf Organe entnommen werden dürfen (8 Prozent). Eine Druckversion zum Ausfüllen finden Sie unter *www.organspende-info.de/extra/bestellservice/Organspendeausweis/*.

Nur wenige Menschen legen Bereitschaft zur Organspende schriftlich fest

Eine Entnahme von Organen ist nur möglich, wenn zuvor der Tod des potenziellen Spenders festgestellt wurde. Juristisch wird dann vom Tod eines Menschen ausgegangen, wenn ein nicht behebbarer Ausfall der Gesamtfunktion des Großhirns, des Kleinhirns und des Hirnstamms, der so genannte Gesamthirntod vorliegt. Hirntod heißt: Es werden keine Hirnströme mehr gemessen, aber die Intensivmedizin erhält noch alle körperlichen Funktionen aufrecht und verlängert das Leben künstlich (Herzschlag, Atmung). Der Hirntod muss von zwei unabhängig voneinander arbeitenden Ärzten festgestellt werden, die nichts mit Transplantationen zu tun haben. Dazu werden genaue klinische und apparative Untersuchungen angestellt, die dokumentiert werden müssen. Es braucht also niemand Angst zu haben, dass er noch zu Lebzeiten ein Organ verliert. Einzelheiten regelt das Transplantationsgesetz, das seit 1. Dezember 1997 in Kraft ist.

Am häufigsten werden Nieren transplantiert. Wenn sie sofort nach der Entnahme mit einer speziellen Nährstofflösung kalt durchgespült werden, können sie bis etwa 36 Stunden danach verpflanzt werden. Herz, Lunge, Leber und Bauchspeicheldrüse können bisher noch nicht so lange konserviert und müssen innerhalb weniger Stunden übertragen werden. Nicht durchblutete Gewebe, wie Augenhornhaut und Gehörknöchelchen, können über längere Zeit, wiederum entsprechend gekühlt, in einer Gewebebank aufbewahrt werden.

Organspende

- Wer einer Organspende zustimmt, muss sich vorher nicht ärztlich untersuchen lassen.
- Eine feste Altersgrenze gibt es nicht; der allgemeine Gesundheitszustand ist entscheidend.
- Eine Organspende wird finanziell nicht entschädigt.
- Der Name des Spenders wird dem Empfänger und seinen Angehörigen nicht mitgeteilt.
- Spenderorgane werden nicht zu wissenschaftlichen Zwecken verwendet.
- Minderjährige können ihre Bereitschaft zur Organspende ab 16 und einen Widerspruch zur Organspende ab 14 ohne Zustimmung der Erziehungsberechtigten erklären.
- Es ist jederzeit möglich, die Einwilligung zur Organspende zu widerrufen.

Informieren Sie Angehörige und Freunde darüber, wenn Sie einen Organspendeausweis ausgefüllt haben. Liegt im Todesfall keine Erklärung vor, können Angehörige in einer bestimmten Rangfolge (Reihenfolge: Ehepartner, erwachsene Kinder, Eltern, Geschwister) eine Entscheidung zur Organspende treffen. Hierbei ist der mutmaßliche Wille des möglichen Organspenders zu beachten. Die Entscheidung von Angehörigen ist nur dann zulässig, wenn diese in den letzten zwei Jahren persönlichen Kontakt zu dem Verstorbenen hatten. Durch einen Spenderausweis lässt sich also erreichen, dass der eigene Wille befolgt wird, zum anderen wird vermieden, dass Verwandte im Ernstfall (und dann meist in emotional sehr angespannter Situation) in Gewissenskonflikte gestürzt werden.

Tipp

Informationen und Ausweise gibt es bei der Bundeszentrale für gesundheitliche Aufklärung, der Bundesärztekammer und dem Arbeitskreis Organspende (Adressen ››› Seite 200 f.). Auch viele Apotheken, Einwohnermeldeämter, Arztpraxen sowie Krankenkassen und private Krankenversicherer bieten Organspendeausweise an. Der Ausweis wird an keiner offiziellen Stelle registriert oder hinterlegt, sondern sollte stets mit den Personalpapieren bei sich getragen werden. In Notfällen schauen Rettungskräfte dort als erstes nach.

Bestattungswünsche

Bestimmte Formen müssen gewahrt werden

In Deutschland besteht Friedhofs- und Bestattungszwang: Alle Toten und auch Totgeburten ab 500 Gramm Gewicht müssen bestattet werden. Dafür ist grundsätzlich ein gemeindlicher oder kirchlicher Friedhof vorgesehen, allerdings besteht die Wahl zwischen mehreren Bestattungsarten (››› Seite 113ff.). Jeder sollte rechtzeitig für sich überlegen und auch entscheiden, welche Form der Bestattung gewünscht wird. Wer „für den Todesfall" vorsorgen will, dem kann die Checkliste auf Seite 38f. helfen.

Tipp

Ihre Erklärung zum Bestattungswunsch sollten Sie zu Ihren persönlichen Unterlagen (Familienstammbuch, Geburts- oder Heiratsurkunde) legen und aufbewahren. Eine Hinterlegung im Testament ist unzweckmäßig, denn es wird in der Regel erst einige Zeit nach der Beisetzung geöffnet. Über Ihre Willenserklärung sollten Sie den Ehegatten, Kinder oder den nächsten Vertrauten unterrichten, der sich vermutlich um die Bestattung kümmern wird.

Auch nach einer Verbrennung besteht Friedhofs- und Bestattungszwang. Aber es gibt Ausnahmen: In Nordrhein-Westfalen erlaubt das Bestattungsgesetz seit 2003, die Asche auch auf einer Friedhofswiese zu verstreuen oder auf Antrag auch außerhalb des Friedhofs auf einem öffentlich zugänglichen Platz beizusetzen (§ 15 Absatz 6 BestG NRW). In einigen Ländern wie Thüringen, Saarland, Sachsen und Mecklenburg-Vorpommern sind private Grabstätten mit behördlicher Genehmigung und unter Auflagen erlaubt. In Mecklenburg-Vorpommern darf die Asche ebenfalls auf Friedhöfen verstreut werden (§ 13 BestattG M-V).

Übrigens: Nicht jeder kann sich zu Lebzeiten schon ein Wahlgrab sichern. Dies ist erst ab einer Altersgrenze von 65 Jahren bzw. unmittelbar nach einem Todesfall möglich, entschied das Oberverwaltungsgericht Rheinland-Pfalz (Az. 7 A 11102/94). Entscheidend ist die örtliche Friedhofssatzung.

Checkliste: Vorsorge für den Todesfall/die Bestattung

Name / Datum

Wahl des Sterbeorts wo ich mich gerade befinde	❑	
unbedingt (bitte eintragen):	❑	
Vorabsprache mit (Name):	❑	☎
Beistand gewünscht von (Name):	❑	☎
(Name):	❑	☎
Hausarzt (Name):	❑	☎
Separate Patientenverfügung liegt vor	❑ ja – hinterlegt bei: ❑ nein	☎
Organspende/Obduktion mit Organspende einverstanden, umgehend Nachricht an (Name):	❑ ja ❑ nein	☎
Organspendeausweis vorhanden	❑ ja – hinterlegt bei: ❑ nein	☎
mit Obduktion einverstanden	❑ ja ❑ nein	
Bestattungsvorsorge Vorsorgevertrag	❑ ja ❑ nein	
falls ja: beauftragter Bestatter (Name, Adresse):		☎
falls nein: gewünschter Bestatter (Name, Adresse):		☎
Erdbestattung	❑ ja ❑ nein	
Sarg	❑ ja – Material / Form: ❑ nein	
Feuerbestattung	❑ ja ❑ nein	
Private Grabstätte	❑ ja ❑ nein	
Aufbahrung	❑ ja ❑ nein	
Wünsche zum Totenkleid		
Wünsche zur Leichenbehandlung	❑ nein ❑ ja (z. B. Schminken, Zukleben von Lippen und Lidern)	

Checkliste: Vorsorge für den Todesfall/die Bestattung		
Todesanzeige in der Zeitung	❑ ja – in: ❑ nein	
Brief	❑ ja – Wünsche an Text und Adressverteiler (siehe Anlage) ❑ nein	
Trauerfeier		
kirchliche Feier	❑	
nicht-kirchliche Feier	❑	
Lieder/Musik	❑ ja ❑ nein	
Grabredner (Name, Adresse):	❑ ja ❑ nein	☎
Blumenschmuck	❑ ja ❑ nein	
Nachfeier	❑ ja ❑ nein	
Sonstige Wünsche		
Grabstätte: Friedhof (Name, Adresse):	❑	☎
Einzelgrab	❑ ja ❑ nein	
Familiengrab	❑ ja ❑ nein	
anonymes Grab	❑ ja ❑ nein	
Streuwiese	❑ ja ❑ nein	
Grabnutzungsrecht an Haupterben	❑ ja ❑ nein	
Grabsteinspruch (bitte eintragen):	❑ ja ❑ nein	
Friedwald	❑ ja ❑ nein	
Seebestattung	❑ ja ❑ nein	

Für die Finanzierung vorsorgen

Bestattungen können sehr teuer sein. Es kann daher hilfreich sein, sich bei einem Bestatter einen Kostenvoranschlag machen zu lassen. Womöglich kommen Sie hinterher zu der Einsicht, Ihre finanzielle Vorsorge noch etwas aufzustocken, um den Nachfahren nicht die finanzielle Last des Abschieds aufbürden zu müssen.

Tipp

Erstellen Sie eine Übersicht, von wem welche Leistungen im Todesfall gezahlt werden. Und denken Sie auch an Angaben wie Telefon- und Versicherungsnummer, damit die Hinterbliebenen möglichst reibungslos das Geld erhalten.

Sterbegeld-versicherung

Um Geld für die Bestattungskosten anzulegen, werden vermeintlich speziell zugeschnittene Produkte wie Sterbegeldversicherungen angeboten. Dies ist ein Mix aus Kapital- und Risikoversicherung mit einer relativ kleinen Versicherungssumme, die ungefähr die Bestattungskosten abdecken soll und nur im Todesfall ausgezahlt wird. Versichern können sich 18- bis 85-Jährige, der Monatsbeitrag richtet sich nach der Versicherungssumme (von 2.500 bis 15.000 Euro) und dem Eintrittsalter. Um garantiert 4.945 Euro Sterbegeld zu erhalten, muss ein Mann (48) zumeist 20 Jahre lang jeden Monat rund 20 Euro einzahlen. Sie können selbst den Begünstigten der Police benennen (dies muss kein klassischer Erbe sein), der das Geld im Todesfall erhält, um davon die Beerdigung nach Ihren Wünschen zu bestreiten. Solche Policen sind allerdings meist nicht empfehlenswert: Viele Versicherte zahlen im Laufe der Jahre deutlich mehr Geld ein als letztlich ausgezahlt wird. Der scheinbar niedrige Beitrag kommt nur zustande, weil ein sehr hohes Endalter gewählt wird (85 oder 90). Die Rendite der Sterbegeldversicherung ist bescheiden, am Ende sind die Verträge oft überzahlt. Eine Überschussbeteiligung wird nur unverbindlich, ohne genaue Angabe der Höhe in Aussicht gestellt.

Auch Vereine oder Sterbekassen vermitteln Sterbegeldverträge und locken mit einem Gruppenvertrag, der den Einzelnen billiger kommen soll als ein individueller Vertrag. Einige Vereine verpflichten aber ihre Kunden, einen Teil der Überschüsse aus ihrer Versicherung an den Verein abzutreten – ein lohnendes Unterfangen für den Verein, nicht aber für den Kunden und dessen Hinterbliebene.

Bestattungsvorsorge-vertrag

Bestatter sehen es gerne, wenn Sie einen „Bestattungsvorsorgevertrag“ abschließen. Damit legen Sie den Leistungsumfang für die spätere Bestattung fest, sodass diese nach Ihren Wünschen vonstatten gehen kann, und regeln auch die Finanzierung. Grundsätzlich gilt:

Zahlen Sie nicht im Voraus. Sonst laufen Sie Gefahr, dass das Geld im Konkursfall verloren geht. Damit der Bestatter Sicherheit für seine Leistungen bekommt, kann ein fester Betrag auf ein Treuhandkonto oder in eine Lebensversicherung eingezahlt werden.

Im November 2004 hat die Stiftung Warentest über Vorsorgemöglichkeiten informiert und rät zum Treuhandkonto, da das Kapital verzinst und quasi mündelsicher angelegt wird. Im Todesfall wird das Treuhandvermögen an den beauftragten Bestatter ausgezahlt. Abgeraten wird von Sterbegeldversicherungen. Ein Bank- oder Fondssparplan sei die bessere Wahl, heißt es dort. Weiterer Vorteil: Anleger können bereits zu Lebzeiten über das Ersparte verfügen, etwa um Pflegekosten zu finanzieren. Für jüngere Leute bietet sich eine Risikolebensversicherung als preiswerte Vorsorge für den eigenen Todesfall an.

Alltagsgeschäfte ordnen

Für Partner, Kind oder andere ist es nach dem Tod eines Angehörigen eine Erleichterung, wenn sie problemlos die Unterlagen sichten, den letzten Willen erforschen und die Alltagsgeschäfte endgültig abwickeln können. Je unübersichtlicher die Unterlagen sind, desto länger dauert dies für die Hinterbliebenen.

Überblick über die eigenen Alltagsgeschäfte erleichtert Erben Organisation der Bestattung und anderer Arbeiten

Tipp

Wichtige Verträge, Konten, Versicherungen, Abos, Mitgliedschaften, das Testament und andere Verfügungen werden in einem „Familienordner" gesammelt und sind so an einem Platz deponiert, den die Vertrauten kennen. Untergliedern Sie am besten nach Sachgebieten wie Wohnen, Versicherungen, Auto, Kredite, Rente, Verfügungen usw. Ganz besonders wichtig sind Familienstammbuch (oder Geburts- und Heiratsurkunde gesondert) und Testament. Falls Sie eine andere Ablagesystematik bevorzugen, können Sie auch Übersichten (››› z. B. Seiten 18 und 166) über alle wichtigen Materialien sowie die jeweiligen Aufbewahrungsorte erstellen.

Sterbende zu begleiten ist eigentlich nichts Besonderes. Für Angehörige und Freunde sollte es selbstverständlich sein, sterbenden Menschen mit Empathie, äußerster Sensibilität und Respekt zu begegnen. Und ihnen zuzuhören, um ihre Bedürfnisse zu erkunden und darauf einzugehen. Nicht immer reichen die Kräfte der Begleitenden jedoch aus. Daher sollte rechtzeitig nach Hilfe im persönlichen Umfeld, bei Hospizen und nach anderen Entlastungen Ausschau gehalten werden.

Sterbende begleiten

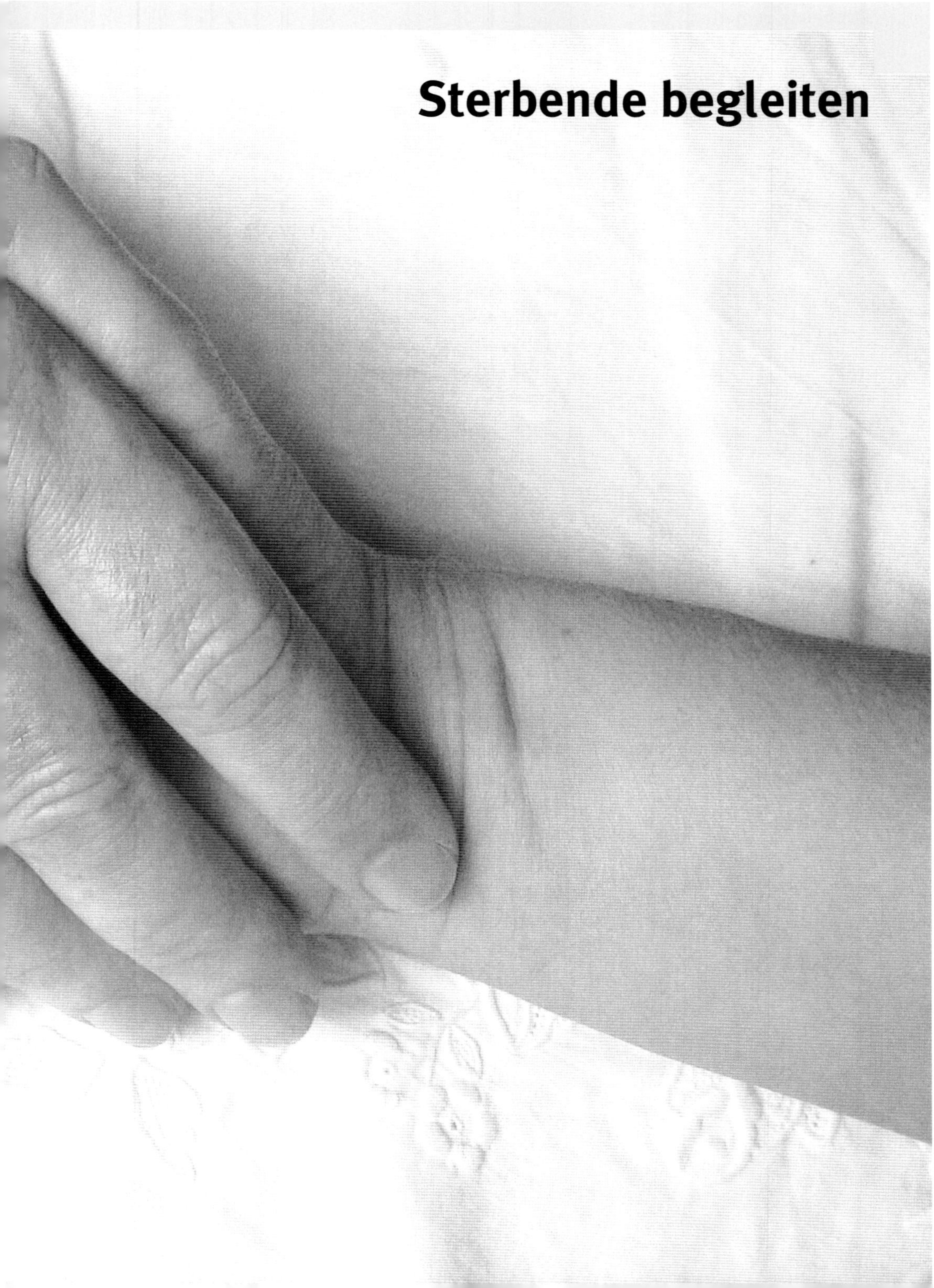

Sich Sterbenden zuwenden

Von vielen Menschen in unserer Umgebung wissen wir, dass sie an Krebs erkrankt sind, dass sie einen oder schon mehrere Herzinfarkte hatten, dass sie Aids haben, dass sie einen Schlaganfall hatten usw. Und oft wissen wir auch, dass die Gesundheit so angegriffen ist, dass es – bildhaft gesprochen – nur eines kleinen Windhauchs bedarf und der Tod ist da. Im Alltag negieren wir diese Tatsache oft, teils zu Recht, teils fälschlicherweise.

Unterstützung statt Isolation für Sterbende und Begleitende

Zu allererst sind die engsten Angehörigen als Begleitende gefragt, aber entferntere Verwandte, Freunde, Nachbarn oder Arbeitskollegen können sich ebenso einbringen und sollten dies anbieten. So lässt sich auch in dieser Lebensphase ein Stück des Weges gemeinsam gehen, sei es mit kleinem oder größerem Zeitbudget und unterschiedlichsten „Aufgaben“ – abhängig von der eigenen Lebenssituation und den eigenen Möglichkeiten: Nicht jeder kann beispielsweise spirituelle Unterstützung geben, derjenige kann aber vielleicht mit dem Sterbenden eine Stunde gemeinsam die Natur genießen oder in einem Gespräch das Leben Revue passieren lassen. Andere wiederum schaffen es eher, pflegende Angehörige in Alltagsdingen zu entlasten. Wichtig ist, dass Begleitende „ihren Part“ gerne übernehmen und authentisch bleiben können.

Wenn sich so ein kleines Netz bildet, kann sich der Sterbende in dieser Gemeinschaft geborgen fühlen, vielleicht sogar seine latente Angst vorm Sterben gelindert werden. Zum anderen sind die – meist emotional stark belasteten – engsten Angehörigen entlastet. Und letztlich profitiert auch derjenige, der die eigene Angst vor der Begegnung mit Sterbenden überwunden hat: Er konnte Abschied nehmen, konnte lernen, dass man einen geliebten Menschen loslassen muss, und konnte sich mit dem eigenen Sterben auseinander setzen.

Die fünf Phasen des Sterbens

Elisabeth Kübler-Ross, die bekannte Schweizer Wissenschaftlerin, hat schon seit den sechziger Jahren des letzten Jahrhunderts die Sterbeforschung und das Wissen über Sterben und Tod sehr erweitert und geprägt. Sie entwickelte frühzeitig ein Phasenmodell, wie der Mensch auf den Tod reagiert.

Nicht-wahrhaben-wollen
Die Fragen „Warum ich? Warum schon jetzt? Warum auf diese Weise?“ quälen die Menschen, ohne dass sie eine Antwort darauf finden können.

Auflehnung, Zorn, Wut, Aggression
Die Wut und Aggression auf das Schicksal richtet sich häufig gegen diejenigen, die gerade anwesend sind, die aber eigentlich gar nicht gemeint sind. Dies ist für die Umwelt eine schwierige Phase, denn es ist nicht immer leicht auf die Ausbrüche, die erfolgen können, mit Verständnis zu reagieren.

Verhandeln mit dem Tod und dem Schicksal
Nicht wissend, wie viel Zeit noch da ist, beginnt ein Verhandeln über „Wenn ich meinen 60. Geburtstag noch erlebe, ...“ In dieser Phase ist die Offenheit gegenüber Therapien oft besonders groß, denn es geht um Zeitgewinn, zum Beispiel um Erlebnisse nachzuholen oder um die eigenen Angelegenheiten zu ordnen.

Verzweiflung und Depression
Wenn sich der Tod nicht mehr leugnen lässt und diese Erkenntnis eintritt, beginnt die Verzweiflung über die Versäumnisse im Leben. Tränen, tiefe Depression, die Frage nach dem Sinn des Lebens und der ganzen Welt prägen diese Zeit. Aber auch das Bewusstsein, was nun alles nicht mehr möglich sein wird. Für die Angehörigen oder anderen Begleitpersonen ist es nicht leicht, einerseits Verständnis zu haben und zu zeigen, andererseits aber nicht gleich zu vertrösten, abzulenken oder auf andere Weise die Situation zu beschönigen.

Annehmen des Todes
Hier ist die Angst überwunden, sodass der Sterbende oft den Wunsch deutlich macht, dass er friedlich gehen möchte und auch gehen dürfen möchte.

Diese Phasen treten nach heutiger Erkenntnis nicht immer vollständig bzw. in dieser Reihenfolge auf; sie sind also grundsätzlich nicht bei jedem Menschen zu beobachten. Wichtig ist aber, dass man diese Phasen kennt, denn so kann man sie leichter wahrnehmen und angemessen darauf reagieren. Diese Phasen machen übrigens in etwas anderer Form auch die Angehörigen durch.

Was Sterbende brauchen

Die Bedürfnisse eines sterbenden Menschen erspüren und erfüllen

Sterbende brauchen vor allem eins: menschliche, persönlich-warme Zuwendung. Und damit ist nicht allein die Sorge um die körperliche Versorgung gemeint, sondern der liebevolle Umgang. Es gilt, die spezifischen Grundbedürfnisse eines sterbenden Menschen zu erkennen und diese angemessen zu erfüllen. Dies ist nicht immer einfach, da Sterbende ihre Bedürfnisse manchmal nicht mehr verbal kommunizieren können und die Betreuenden die zum Wohlbefinden führenden Bedürfnisse dann nur ahnen oder erspüren können. Selbst Pflegekräfte wissen vielfach wenig über die Bedürfnisse, Hoffnungen, Wünsche und Ängste Sterbender. Doch das Wissen darum macht ihre Reaktionen und Verhaltensweisen verständlicher. Es hilft unter anderem, die oft gestellte Frage zu beantworten, was das richtige Maß ist zwischen Zuwendung und Überanstrengung Sterbender. Häufig ist es so, dass bereits einfache Maßnahmen, wie zum Beispiel Schweiß abwischen oder Hände halten, Nähe vermitteln, das Bedürfnis nach Sicherheit und Zuwendung erfüllen und zum Wohlbefinden beitragen.

Generell sollten Begleitende versuchen, den sterbenden Menschen dabei zu unterstützen, sich auch in dieser Lebensphase nicht zu verlieren, sondern die Orientierung auf sich selbst zu behalten, die Sinne (Wahrnehmungen) langsam ausklingen zu lassen und sich so von dieser Welt verabschieden zu können. Sterbende brauchen außerdem das Gefühl, dass sie gehen dürfen – ohne dass man sie „loswerden" will.

Selbst wenn jemand nicht mehr ansprechbar ist, zum Beispiel ein Mensch im Koma, kann er noch Vieles wahrnehmen, insbesondere Berührungen oder Geräusche. Sterbende und auch gestorbene Menschen sollten daher weit über den Zeitpunkt hinaus, an dem sie für tot gelten, liebevoll und sorgsam behandelt werden. Andere Kulturen wissen und respektieren das schon immer. Bei uns in Deutschland ist dies eher in ländlichen Regionen erhalten geblieben.

Zuneigung zeigen

Es gibt viele Möglichkeiten, der warmherzigen Zuneigung Ausdruck zu verleihen. Man kann

- die Hände ab und zu sanft streicheln und halten,
- die Hände auf die Stirn legen,
- etwas erzählen, vorlesen oder vorsingen,
- schöne Musik spielen,
- die Umgebung (z. B. durch Blumen) verschönern,
- für frische Luft sorgen,
- den Mund befeuchten, wenn die Zunge zu trocken wird,
- die Füße sanft massieren, wenn sie kalt sind oder werden,
- Gebete sprechen oder vorlesen,
- und man kann auch einfach nur da sein, da sitzen und den Sterbenden liebevoll anschauen, fürsorglich zudecken und ab und zu umlagern – wenn nötig.

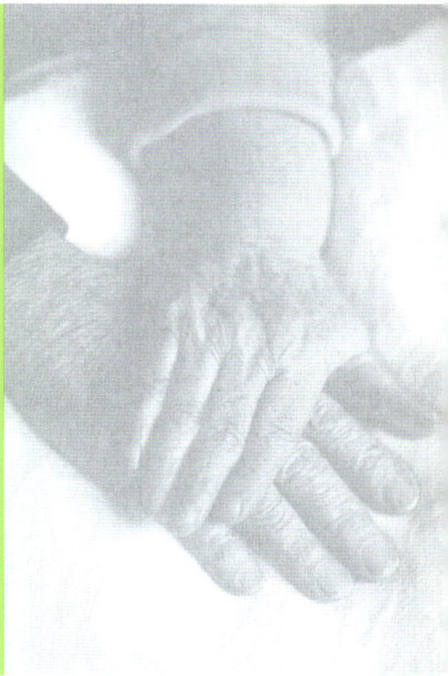

Wichtig ist: Der Sterbende gibt vor, was ihm gut tut. Sie sollten also sorgsam und sensibel darauf achten, ob das, was Sie tun, auch vom Sterbenden angenommen wird, und nicht allein den eigenen Vorlieben, Fähigkeiten oder Gewohnheiten folgen.

Wenn der sterbende Mensch nicht mehr sprechen kann, aber ansprechbar ist, können Sie die Wünsche eventuell erfahren, indem

Andere Formen der Verständigung nutzen

Sie eindeutige Ja-Nein-Fragen stellen und andere Formen der Zustimmung oder Ablehnung vorschlagen: „Drücke einmal, wenn du ja meinst, zweimal bei nein."

Sobald ein sterbender Mensch unruhiger wird, sollten Sie überlegen, ob Sie etwas nicht in seinem Sinne gemacht haben und Ihr Verhalten gegebenenfalls ändern. Allerdings kann diese Unruhe auch durch den Sterbeprozess verursacht sein.

„Ein Mann, schwer an Leberzirrhose und Krebs erkrankt, war schon nicht mehr ansprechbar, als ich zu ihm gerufen wurde. Er war auffällig unruhig. Die Beine waren aufgestellt, die Knie schwankten permanent von einer zur anderen Seite, er stöhnte zwischendurch – offensichtlich fühlte er sich unwohl. Da es keine Verwandten gab und auch das Pflegepersonal keine Auskunft über ihn geben konnten, blieb nichts anderes übrig, als vorsichtige Versuche zu machen, um ihn ein wenig ruhiger werden zu lassen. Berührungen schienen zunächst eher unangenehm zu sein. Nach einigen weiteren (gescheiterten) Versuchen begann ich schließlich, Lieder zu summen. Und zwischendurch begann ich, mich ohne Worte mit ihm zu unterhalten, das heißt, ich dachte die Dinge nur, fragte ihn in Gedanken, was ihn beunruhigt, sprach ihm Trost und Mut zu, und summte dann wieder ein wenig. Nach kurzer Zeit wurde er etwas ruhiger. Bei meinem zweiten Besuch berührte ich seine Hand, und er schien sie festzuhalten. Er entspannte sich deutlich; diese Ruhe hielt nun auch länger an. Er lebte noch einige Tage. Vielleicht konnte ich ihm durch die Begleitung Ruhe schenken, aber ich weiß noch nicht einmal, ob meine Begleitung für ihn überhaupt eine Rolle spielte. Aber sollte man Sterbende deshalb einfach sich selbst überlassen? Insbesondere Berührungen scheinen Sterbende ganz lange zu erreichen und ihnen wohl zu tun. Wir sind manchmal auf Vermutungen angewiesen."

Ein Sterbebegleiter über seine Arbeit

Ruhe wahren

So wohltuend menschliche Zuwendung für Sterbende ist: Die Anwesenheit am Sterbebett muss auch Ruhe zulassen. Es ist deshalb nicht nötig, permanent bei einem Sterbenden zu verharren, soweit dies nicht durch die Krankheit erforderlich ist. Es scheint so, dass manche Menschen erst sterben können, wenn die Angehörigen den

Raum verlassen haben. Andere wiederum scheinen auf bestimmte Personen zu warten, um sich verabschieden zu können.

Angehörige machen sich oft Vorwürfe und haben über lange Zeit schwere, quälende Schuldgefühle, wenn der Tod in ihrer Abwesenheit eintritt. Wenn dies kürzere Zeiträume gewesen sind, wenn Angehörige gesagt haben, dass sie nun für eine gewisse Zeit den Raum verlassen und dann gleich wiederkommen, kann dies durchaus im Sinne des Verstorbenen gewesen sein.

Schlaf als Kraftquelle

Ausreichender Schlaf
Der Schlaf sterbender Menschen kann körperlich bedingt, aber auch durch psychische Faktoren wie Ängste oder nicht beantwortete Fragen gestört sein. Schlaf ist eine wichtige Kraftquelle. Deshalb ist es wichtig, dass Sterbende einen guten Schlaf finden. Vor allem wenn Sterbende von Unruhe geplagt werden, helfen beruhigende Stimmen und Hautkontakt (streicheln, Halten der Hand etc.) oder auch meditative Musik, ganz leise im Hintergrund.

Relativ kurz vor Eintritt des Todes sind Sterbende häufig sehr schläfrig, als Ausdruck scheidender Lebenskräfte. Sie schlafen immer wieder, auch nach Ansprache, ein – bis hin zur Bewusstlosigkeit über mehrere Tage hinweg und zum Koma.

Über den Tod sprechen?

Mit den Sterbenden sprechen, wenn sie es noch können – zu ihnen zu sprechen, wenn sie selbst nicht mehr sprechen können oder vielleicht sogar im Koma liegen. Dies ist wichtig. Vor allem das Gespräch über das Leben hat oft eine wichtige Funktion: Sterbende lassen ihr Leben noch einmal an sich vorbeiziehen und sie verabschieden sich auf diese Weise davon, leben in der Erinnerung selbst weiter. Und man kann die Bitte „Erzähl mir doch noch einmal ..." oder die Frage „Wie war das eigentlich, als ..." durchaus häufiger stellen. Hilfreich kann es sein, Fotoalben anzusehen, die ihr eigenes Leben betreffen. Fotos aus der Zeit, in der sie selbst kleine Kinder oder Erwachsene waren, die kleine Kinder hatten. Manchmal sind auch Fotos von Enkelkindern ein guter Weg, um ins Gespräch zu kommen.

Wichtig

Gespräche, die man mit Schwerkranken oder Sterbenden führt, verlaufen meistens anders als Gespräche mit gesunden Erwachsenen. Die Konzentrationsfähigkeit nimmt unter Umständen schon deutlich ab; deshalb sind es oft kurze Gespräche, die nicht lange bei einem Thema bleiben.

Ob man durch allgemeine Gespräche auf den Tod zu sprechen kommt oder ihn direkt anspricht, darüber gibt es sehr widersprüchliche Auffassungen. Sehr unterschiedlich sind auch die Auffassungen darüber, ob man das Wort „sterben“ in Gegenwart eines Sterbenden überhaupt aussprechen darf oder ob man es mit Begriffen wie „ein Mensch geht von uns“ umschreibt. Oder darüber, ob man jemandem sagt, er werde bald sterben, oder ob man es verschweigt, vielleicht sogar mühsam verheimlicht.

Es ist immer noch vielfach so, dass die Angehörigen und auch die Sterbenskranken selbst wissen, dass der Tod schon ganz nah ist – nur gemeinsam wollen sie darüber nicht reden, sei es um die jeweils andere Seite zu schützen, sei es aus Angst, nicht die „richtigen“ Antworten zu finden. Dadurch kann eine bedrückende Atmosphäre entstehen.

Viele Menschen wollen jedoch wissen, ob sie sterben werden, insbesondere wenn der Tod sich noch nicht deutlich ankündigt. Aber auch dann, wenn der Sterbeprozess schon eingesetzt hat, möchten viele Menschen darüber sprechen. Es ist sicherlich falsch zu behaupten, das Gespräch über den Tod müsse stattfinden. Jeder Tod ist individuell, und jeder sterbende Mensch hat das Recht, solch ein Gespräch nicht zu führen.

Jeder Nahestehende kann und darf dieses Thema streifen oder anbieten – die Entscheidung treffen die Sterbenden jeweils für sich. Versuchen Sie durch intensives Zuhören und sensible (und trotzdem deutliche) Fragen herauszufinden, was der Sterbende sich wünscht. Wenn ein sterbender Mensch weiß, dass er bald tot sein wird, kann man zum Beispiel fragen: „Möchtest du, dass wir einmal über Leben und Tod reden?“ Vielleicht kann man dann noch eine weitere Alternative anbieten, zum Beispiel „Oder soll ich etwas vorlesen?“

In der Sterbebegleitung erlebt man immer wieder, dass sterbende Menschen, Dinge, die ihnen (vermutlich) nicht gut tun oder die „nicht dran“ sind, einfach überhören oder übersehen. Unwillkommene Fragen oder Bemerkungen scheinen an ihnen vorbeizugehen, oft betrifft dieses „Überhören“ nur einen Satz oder einige Wörter. Dies wird auch in der Supervisionsgruppe für Sterbebegleiter immer wieder festgestellt. Man kann also ganz beruhigt sein, wenn man solche Angebote macht.

Im Gespräch bleiben, Themen anbieten – der sterbende Mensch entscheidet, was besprochen werden soll

Tiefer gehende Gespräche über den Sinn des Lebens in ruhiger Atmosphäre können durchaus eine Hilfe sein, die bei vielen Menschen vorhandenen latenten Ängste vor dem Tod zu bewältigen oder zu mindern. Wenn man mit Sterbenden über Leben und Tod spricht, hilft es, selbst eine klare Meinung zu haben, die man auch ehrlich und offen vertreten kann. Ob es notwendig oder sinnvoll ist, sie in dem Gespräch auszubreiten, hängt wieder von den Wünschen des Sterbenden ab. Auf keinen Fall darf man versuchen, Sterbende von dem eigenen Glauben überzeugen zu wollen. Stattdessen sollte man sie dort auffangen, wo sie als Sterbende stehen, und sie bei ihrem Weg unterstützen.

Wie immer man persönlich dazu stehen mag, welche religiösen oder weltanschaulichen Vorstellungen man selbst hat: Sterbende finden es oft tröstlich, über ihre eigenen Gedanken von einem „ewigen Leben“ zu sprechen. Und es gehört zur Würde im Tod, dass man sie in diesem Trost bestärkt. Wenn Sie selbst ganz andere Vorstellungen haben, ist das unter Umständen nicht einfach, gerade weil Sterbende sehr sensibel sein können, oft viel sensibler als sie vielleicht im alltäglichen Leben erschienen; sie merken möglicherweise, dass Sie ein ganz anderes Bild vom Tod haben, was sie belasten kann. Vielleicht ist es dann möglich, andere Personen, die in ihrem religiösen Glauben mit dem Sterbenden übereinstimmen, mit in die Gespräche einzubeziehen.

Worüber zu sprechen ist, entscheiden die Sterbenden, aber oft brauchen sie dafür Angebote. Es eignen sich zum Beispiel religiöse Vorstellungen von Leben und Tod, Erinnerungen an das eigene Leben, Erinnerungen an Leben und Tod von bereits verstorbenen Angehörigen oder Fragen, die den Sinn des Lebens betreffen.

In manchen Fällen möchten Sterbende über ihre Bestattung, manchmal über ihr Erbe sprechen – ob dies sinnvoll möglich ist, sollten Sie vorsichtig prüfen. Denn dabei geht es doch um sehr viel Organisatorisches, das leicht abschreckend wirken kann. Für manchen Sterbenden ist es allerdings sehr beruhigend zu wissen, dass alles geordnet ist.

Gebete zu sprechen oder aus der Bibel vorzulesen, ist besonders für ältere Menschen oft ein wichtiger Beitrag für das seelische Wohlbefinden und kann helfen, die Angst vor dem Tod zu überwinden.

Manchmal leiden Sterbende darunter, dass sie in ihrem Leben Schuld auf sich geladen haben und fühlen – insbesondere dann, wenn sie einer Religion angehören, welche die Höllenstrafe vorsieht – große Angst und sind verzweifelt, weil diese Schuld nun nicht mehr abzutragen ist. Die Frage „Warum habe ich das bloß getan?" führt dabei nur selten zur Beruhigung und zu seelischem Frieden. Dann kann es hilfreich sein, vorsichtig zu der Frage nach dem „Wozu hat das dann geführt?" überzuleiten und so eine weitere Perspektive des ablaufenden Lebens zu eröffnen, die dem Sterbenden möglicherweise gut tut. Allerdings haben Sterbende auch das Recht, über „Verfehlungen" im Leben ausreichend zu sprechen – und nur sie wissen, wann dies geschehen ist. Ebenso haben die Bitten um Vergebung und Gebete Vorrang.

Wichtig erscheint, dass man diese Gespräche Sterbenden nie aufzwingt und auch selbst „zufrieden" ist, wenn sie „nur" wenige Minuten in Anspruch nehmen. Man muss akzeptieren lernen, dass die Sterbenden wissen, was sie noch brauchen.

Geistlicher Beistand

Viele Menschen wünschen sich geistlichen Beistand auf dem Sterbebett. Diesem Wunsch nachzukommen, ist die moralische Pflicht aller, die dazu beitragen können, auch wenn es ihren eigenen Vorstellungen widerspricht. Die nachfolgenden Ausführungen sollen eine Hilfe für diejenigen sein, die Sterbenden zur Seite stehen, ihnen auch den Wunsch nach geistlichem Beistand erfüllen möchten, aber nicht wissen, was zu tun bzw. zu veranlassen wäre.

Christliche Rituale

Bei katholischem Glauben

Sehr kranken Menschen katholischen Glaubens kann (natürlich auch am Krankenbett) eine Krankensalbung erteilt werden. Dies Ritual hieß früher – und in manchen Gegenden heute noch – „letzte Ölung“. Der Kranke kann dabei die Beichte ablegen. Das kann gerade dann wichtig sein, wenn Sterbende von Schuldgefühlen und/oder Ängsten geplagt werden. Denn etliche gläubige Christen haben die sehr konkrete und bildliche Vorstellung von der Hölle, wohin sündige Menschen verdammt werden.

Die Krankensalbung wird von einem Priester durchgeführt, der dem Kranken aus der Bibel einen (gegebenenfalls gewünschten) Text vorliest. Dann segnet er das Öl und spricht ein Dankgebet. Anschließend werden Stirn und Hände des Kranken mit diesem geweihten Öl gesalbt. Der Priester sagt während dieser Zeremonie: „Der Herr, der dich von Sünden befreit, rette dich. Er richte dich in seiner Gnade auf.“ Anschließend wird gebetet und meistens das Vaterunser gesprochen. Der Kranke erhält die heilige Kommunion und einen letzten Segen des Priesters.

Diese Zeremonie wird unter Umständen auch noch kurz nach dem Tod durchgeführt, wenn das letzte Sakrament vorher nicht empfangen oder gespendet werden konnte.

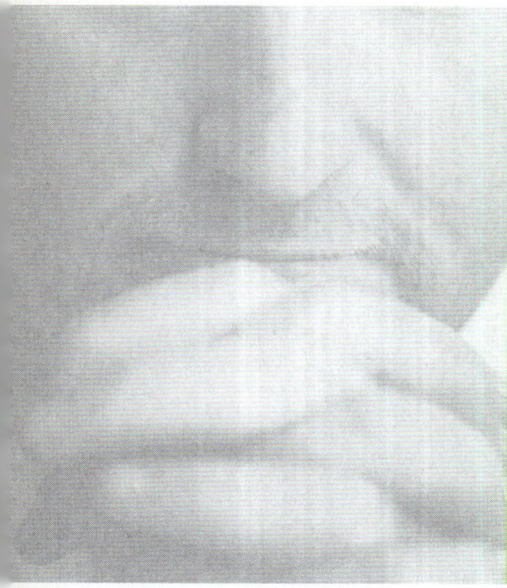

Christliche Gebete und Handlungen
Grundlegende Gebete sind für Christen beider großer Konfessionen:
- das Vaterunser und
- das Glaubensbekenntnis.

Verstorbenen beider Konfessionen kann man eine Bibel in die Hand legen, eventuell ein Kreuz, bei Katholiken auch noch den Rosenkranz.

Bei der katholischen Kirche wie auch bei der evangelischen Kirche gibt es die Möglichkeit der Nottaufe.

Bei evangelischem Glauben

Auch in der evangelischen Kirche besuchen Pfarrer auf Wunsch Sterbende zur spirituellen Begleitung. Gläubige können ein Beichtgespräch führen, das nach der Bitte um Vergebung zur Lossprechung von den Sünden und zur Zusage der Vergebung führt. Abschließend – oder nach dem Abendmahl – wird oft das Vaterunser gesprochen. Die Beichte kann still oder eingebunden in die eigene Lebensreflexion im Gespräch erfolgen.

Sterbenden und ihren Angehörigen wird individuelle Hilfe durch psychologisch geschultes Personal in den Lebensberatungsstellen der evangelischen Kirchen angeboten.

Die Begleitung muslimischer Sterbender

Mehr als bei christlichen Ritualen, die vielen Menschen zumindest in Ansätzen bekannt sind, verlangt die Unterstützung muslimischer Sterbender von Menschen, die mit dem Islam nicht vertraut sind, dass sie sich mit dessen Grundzügen beschäftigen. Häufig kümmern sich allerdings die Angehörigen intensiv um die Sterbenden, um ihnen die letzte Zeit so angenehm wie möglich zu machen. Auch bei Muslimen besteht oft große Angst vor dem Tod. Dazu kommt noch die Vorstellung, dass sie in der Heimaterde beerdigt sein müssen, weil das Grab eine ewige Ruhestätte ist, also auch Jahrzehnte nach dem Tod nicht aufgelöst werden darf (wie dies bei uns üblich ist). Die Angehörigen oder Freunde lesen aus dem Koran vor. Sie wollen oft Tag und Nacht bei den Sterbenden bleiben – dies gilt in vielen Ländern als besonders wichtiger Dienst für Sterbende.

Unterstützung suchen, wenn kulturelle und religiöse Hintergründe fremd sind

Wenn keine Angehörigen in Deutschland sind, ist es sinnvoll bei der nächst gelegenen Moschee anzurufen und darum zu bitten, ob sich Gemeindemitglieder um den Kranken kümmern könnten. Gegebenenfalls kann ein Hodscha einer Moschee hinzugezogen werden – dies ist aber nicht Bestandteil eines festgelegten Rituals. Hodschas haben ursprünglich die Gläubigen in islamischer Religion unterrichtet. Heute sind sie die Vorsteher einer islamischen Gemeinde, führen Zeremonien durch und sprechen die Gebete vor. Sie übernehmen die Anrufung von Allah vor den Betenden in der Moschee und andere Funktionen. Bei Sterbenden lesen sie vor allem aus dem Koran vor, bereiten die Kranken durch Fragen, die ihnen als Tote im Jenseits gestellt werden vor, sprechen ihnen Mut zu und spenden Trost.

Medizinische und pflegerische Versorgung

Das Wohlbefinden sterbender Menschen sollte im Zentrum allen Handelns stehen

An dieser Stelle kann nicht allgemein auf eine optimale medizinische und pflegerische Betreuung eingegangen werden, zu vielfältig sind die Krankheitsbilder. Und die Versorgung ist abhängig davon unterschiedlich sicherzustellen. Bei der Pflege und Betreuung muss das Wohlbefinden des Sterbenden im Mittelpunkt stehen. Die medizinische Therapie kann unter Umständen weniger bedeutsam sein, vor allem wenn der Sterbende nur noch lindernde Maßnahmen (Palliativmedizin, ››› Seite 69 f.) und Pflege wünscht. Ziel ist es, körperliches und psychisches Wohlbefinden in der letzten Lebensphase zu ermöglichen. Was von Angehörigen zu tun ist, hängt unter anderem davon ab, ob sich der Sterbende beispielweise im Krankenhaus, im Pflegeheim oder zuhause befindet.

Die Versorgung zuhause

Nach Umfrageergebnissen möchten die meisten Menschen (circa 80 bis 90 Prozent) in Deutschland in ihrer gewohnten häuslichen Umgebung sterben. Sie versprechen sich so mehr Einfluss darauf, wie diese letzte Lebensphase gestaltet wird, und erhoffen sich liebevolle Fürsorge im Kreis ihrer Familie und Freunde. Aber nur etwa 20 Prozent sterben tatsächlich zuhause.

Rechtzeitig für entlastende Maßnahmen sorgen

Ob sich der Wunsch realisieren lässt, ist zum einen davon abhängig, ob Angehörige bereit und fähig sind, die Verantwortung für die Versorgung zu übernehmen, zum anderen welche Unterstützung von anderen erfolgt. Soweit eine medizinische Versorgung notwendig ist, kann sie im häuslichen Rahmen durch den Hausarzt und zusätzlich durch (verordnete) medizinische Behandlungspflege erfolgen. Bestimmte Maßnahmen, die nur in Kliniken durchgeführt werden können, werden dann nicht mehr ergriffen. Oder der Kranke wird in besonders kritischen Zeiten im Krankheitsverlauf für kurze Zeit in ein Krankenhaus überwiesen.

Bei den Leistungen der Pflegekasse müssen Sie angesichts der Pflegesituation und Ihren jeweiligen Möglichkeiten entscheiden, ob Sie lieber Pflegegeld beziehen und die Pflege selbst organisieren oder Pflegesachleistungen beantragen und einen ambulanten Pflegedienst einschalten (oder eine stationäre Pflege notwendig ist). So kann es sinnvoll sein, Verrichtungen aus dem Bereich der Körperpflege professionellen Kräften zu übertragen, während man die Zubereitung der Nahrung selbst übernimmt. Zahlreiche Informationen zum Verfahren und den jeweiligen Leistungen erhalten Sie in den Ratgebern „Pflegefall – was tun?“ und „Pflegegutachten“ (››› Seite 207). Informieren können Sie sich auch bei der Pflegekasse, der örtlichen Pflegeberatungen etc.

So sehr es wünschens- und empfehlenswert ist, das Sterben für Angehörige zuhause zu ermöglichen, so wichtig ist es auch, vorher abzuschätzen, ob und wie man die Pflege durchführen kann. Gerade wenn Krankheiten sehr langsam fortschreiten (wie es zum Beispiel bei ALS – amiotrophe Lateralsklerose vorkommen kann), sind die Angehörigen möglicherweise durch die lange Zeit der Pflege und den hohen Aufwand bald überfordert, vor allem wenn sie auf sich alleine gestellt sind. Wer den Verlauf der Krankheit nicht abschätzen kann, sollte sich Rat einholen, wie die Krankheit üblicherweise verläuft. Und man sollte frühzeitig schon an Möglichkeiten der Entlastung denken und sich erkundigen, wie sie erfolgen könnte. Oftmals belasten sich die pflegenden Angehörigen so stark, dass sie selbst krank werden oder eine angemessene Betreuung durch sie nicht mehr gewährleistet werden kann. Sie sollten rechtzeitig mit dem Arzt darüber sprechen und unterstützende Gesprächsgruppen suchen.

Checkliste: Wo können Begleitende Hilfe bekommen?

- **Ambulante Hospizdienste**: Psychosozial geschulte ehrenamtliche Mitarbeiter begleiten kostenlos schwerkranke Menschen und ihre Angehörigen (Seite 78 ff.).
- **Ambulante Palliativdienste:** Medizinische oder pflegerische Dienste, die auf die Behandlung und Pflege schwerkranker und sterbender Menschen spezialisiert sind (Seite 69 f.).
- **Ambulante Pflegedienste**: So genannte Pflegesachleistungen, die von ambulanten Pflegediensten angeboten werden, werden abhängig von der Pflegestufe in bestimmtem Rahmen (Seite 26) von der Pflegekasse finanziert. Sie übernehmen auch ärztlich verordnete Behandlungspflege. Darüber hinaus gehende Pflegeleistungen müssen privat finanziert werden.
- **Kurzzeitpflege**: Pflegende Angehörige können sich für einige Tage oder auch Wochen entlasten, indem sie die zu pflegende Person in einem Pflegeheim unterbringen.
- **Nachtwachen**: Sind Nachtwachen notwendig, kann dies unter Umständen durch einen Pflegedienst übernommen oder organisiert werden. Nicht alle Pflegedienste bieten dies an.
- **Essen auf Rädern**: Eine Entlastung kann es auch sein, dass die Mahlzeiten von einem solchen Dienst angeliefert werden.
- **Pflegeschulung/-beratung:** Die Pflegekassen sind verpflichtet, umfassend über die Leistungen zu informieren; praktische Anleitungen werden in Pflegekursen oder im häuslichen Rahmen gegeben. In zahlreichen Kommunen gibt es Beratungsstellen, die über Leistungsansprüche und Anbieter vor Ort informieren.
- **Selbsthilfegruppen**: In vielen Städten gibt es Kontaktstellen, die über bestehende Gruppen Auskunft erteilen.
- **Psychotherapeutische Angebote:** Es ist unter Umständen sinnvoll, sich psychotherapeutisch helfen zu lassen, wenn die psychische Belastung durch die Pflege besonders groß ist.

Im Krankenhaus

Im kurativen Selbstverständnis hat das Sterben kaum Platz

Ungefähr 50 Prozent der Menschen sterben im Krankenhaus – dem Ort, der den schlechtesten Ruf in Bezug auf das Sterben hat. Krankenhäuser sind darauf ausgerichtet, dass Krankheiten geheilt oder gelindert werden sollen. – Durch die Einführung der DRG (Diagnostic Related Groups), bei denen für die jeweiligen Erkrankungen von den Kassen ein Pauschalbetrag (die so genannten Fallpauschalen) gezahlt wird, egal wie lange die Behandlung tatsächlich dauert, könnte sich dieses Problem noch verschärfen. Das schließt natürlich nicht aus, dass sich im Einzelfall Pflegekräfte und Ärzte darum bemühen, das Sterben im Krankenhaus angemessen und würdig zu gestalten, trotz der knappen Zeit, der aufreibenden Tätigkeiten sowie der vielen Verwaltungs- und Dokumentationsarbeiten. Die Klinikseelsorge und Besuchsdienste in manchen Krankenhäusern sind nur ein Beispiel für die Fürsorge auch an diesem Ort.

In puncto Sterbekultur kann und muss in Krankenhäusern noch viel verändert werden, damit Menschen beim Sterben liebevolle Unterstützung bekommen. Überlegen Sie sich, welche Aspekte Ihnen wichtig sind, wenn ein Angehöriger in der Klinik behandelt werden muss, und sprechen Sie dies mit dem Klinikpersonal an, beispielsweise: Sind Sterberäume mit angemessener Atmosphäre eingerichtet? Wird mit den Sterbenden bzw. Ihnen, den Angehörigen, besprochen, wie die letzte Lebensphase und die Phase des Sterbens gestaltet werden soll? Welche unterstützenden Maßnahmen werden den Sterbenden angeboten? Werden Sie ermuntert, Kontakt mit Ihren sterbenden Angehörigen zu halten, oder stört dies nur die Klinikroutine? Dürfen Sie rund um die Uhr bei den Sterbenden bleiben? Steht – falls keine Angehörigen existieren – jemand anderes den Sterbenden bei? Und was passiert, wenn ein Mensch gestorben ist?

Sprachrohr für die Bedürfnisse sein

Für Sie als Angehörige und andere Begleiter ergibt sich hieraus, die Sterbenden im Krankenhaus nicht allein zu lassen, sondern sich um sie zu kümmern und dafür zu sorgen, dass sie so sterben können, wie sie es gewollt haben. Sterbenskranke Menschen sind oft viel zu schwach, als dass sie Konflikte mit den Menschen eingehen könnten, auf die sie tagtäglich angewiesen sind und von deren Lächeln so unendlich viel an Lebensfreude für sie abhängt.

(Berechtigte) Kritik wird nicht ausgesprochen – meistens aus Furcht davor, dass daraus Nachteile für die zu Pflegenden resultieren. So verständlich diese Furcht vielleicht ist: wenn die Kritik, dort wo sie angebracht wird, nicht ankommt, wird sich eben nichts ändern. Insofern sind die Angehörigen, Freunde oder Sterbebegleiter ambulanter Hospizdienste gefordert.

Angemessene Behandlung sichern

Die meisten Menschen wünschen sich vermutlich, dass Ärzte alles Erdenkliche unternehmen, wenn sich so eine akzeptable Lebensqualität erreichen lässt. Ebenso muss aber respektiert werden, dass viele Menschen nicht um jeden Preis am Leben erhalten werden wollen. Ärzte müssen lernen, die Sterbenden gehen zu lassen und medizinische Behandlungen nicht aufzudrängen, die der Situation nicht angemessen sind oder Sterbende nur quälen und den Sterbeprozess verlängern, ohne ihn aufhalten zu können. Soll eine künstliche Beatmung, Ernährung oder Flüssigkeitszufuhr noch stattfinden? Macht es noch Sinn, die ursprünglich mal notwendigen Medikamente zu verabreichen? Ist eine Wiederbelebung in der jeweiligen Situation wirklich sinnvoll? Und müssen sterbende Menschen noch bestimmter Klinikroutine oder bestimmten diagnostischen Untersuchungen unterworfen werden? Selbst durch eine Patientenverfügung (››› Seite 19 ff.) ist nicht in jedem Fall sichergestellt, dass wie dort verfügt auch gehandelt wird.

Es gibt Zeiten, in denen es im Interesse der Gesundheit liegt zu sterben. Es ist nicht gesund, das Sterben hinaus zu ziehen.

Cicely Saunders

Freiheitsentziehende Maßnahmen nur zulässig, wenn das Amtsgericht zugestimmt hat

Sterbende Menschen „ruhig zu stellen", dies ist leider immer noch verbreitet, sei es medikamentös durch stärkere Beruhigungsmittel oder durch Bettgitter. Manchmal kann dies medizinisch notwendig sein, manches Mal ist dies jedoch ein Anzeichen für unzureichende pflegerische Betreuung. Wenn ein Sterbender beispielsweise meistens nicht ansprechbar ist, sollten Sie dieser Frage nachgehen. Bei Bewusstsein sterben zu dürfen, wenn jemand dies nicht selbst in einer Patientenverfügung ausgeschlossen hat, ist individuelles Recht, in das niemand eingreifen darf.

Alten-/Pflegeheim

Circa 30 Prozent der Menschen in Deutschland sterben im Pflegeheim, oft nach längerer Pflegebedürftigkeit oder demenziellen Erkrankungen. Ein Umzug in ein Pflegeheim lässt sich manchmal nicht vermeiden, weil die Betreuung anders nicht zu sichern ist. Dennoch ist dieser Schritt für die Betroffenen belastend und wird meist auch deutlich so empfunden, gerade wenn der Wechsel in das Heim erst zu einem späten Zeitpunkt passiert. Die Betroffenen wissen, dass nun die letzte Lebensphase beginnt, die häufig mit zahlreichen Einschränkungen bis hin zur Pflegebedürftigkeit einhergeht. Der Umzug ins Altenheim erfolgt heute nicht mehr wie noch vor zehn Jahren als rüstiger Mensch im siebten Lebensjahrzehnt, mit der Aussicht auf noch viele Jahre in der Einrichtung, sondern wesentlich später. Zu der Umstellung auf eine neue Umgebung kommt dann unter Umständen das Gefühl, abgeschoben worden zu sein.

Auf die Qualität des Heims achten, damit Bewohner sich auch dort geborgen fühlen

Wichtig bei der Wahl des Heims und während des Aufenthalts dort ist, dass Sie die Qualität des Heims vorab prüfen bzw. sich weiterhin um die Belange Ihres Angehörigen kümmern. Vielfach ist die Zeit für persönliche Zuwendung durch die Betreuungskräfte (wie im Krankenhaus) unzureichend. Mangelnde Zeit für die Bewohner führt manchmal sogar dazu, dass ihnen Sondenkost verabreicht wird (››› Seite 63 f.) – obwohl dies nicht erforderlich wäre – oder dass sie durch Bettgitter und andere Maßnahmen (››› Seite 59) ruhig gestellt werden.

Die Qualität der medizinischen und pflegerischen Versorgung hängt in Pflegeheimen nicht allein davon ab, ob Palliativmediziner und -pflegekräfte eingebunden sind: Bei alten, nicht kranken Sterbenden ist gegebenenfalls ein Geriater (Facharzt für Geriatrie) hinzuziehen, wenn es um Probleme der Demenz, der Mobilität und Autonomieerhaltung geht.

Und obwohl Todesfälle in Pflegeheimen allein wegen der Altersstruktur und der oft vorliegenden gesundheitlichen Probleme nicht nur gelegentlich auftreten, kann man nicht grundsätzlich von einer würdigen Abschiedskultur ausgehen, sei es in Form einer Vorbereitung auf das Sterben und einer Sterbebegleitung, sei es bei der Versorgung der Verstorbenen oder der Einbeziehung der Mitbewohner und Angehörigen.

Beispiel

Karin M. ist seit vielen Jahren Altenpflegerin in einem Heim und machte auf eigene Initiative eine Ausbildung zur Sterbebegleiterin, da sie bei ihrer täglichen Arbeit immer wieder mit sterbenden Menschen zu tun hat. Nach ihrer Ausbildung regte sie in ihrem Altersheim an, eine Arbeitsgruppe zu bilden, die sich mit Sterbebegleitung befassen sollte. Schritt für Schritt sorgte die Gruppe dafür, dass man sich um die Sterbenden intensiver kümmerte, sogar außerhalb der Arbeitszeit. Es wurde üblich, dass sich auch die Bewohner von den Toten verabschieden konnten: die Toten blieben länger in ihrem Raum, der durch Kerzen und Blumen geschmückt wurde. Und sie richtete einen besonderen Trauerraum ein. Sowohl die Bewohner als auch die Pflegekräfte fühlten und fühlen sich mit dieser warmen Atmosphäre vor und nach dem Tod viel wohler.

Essen und trinken

In Deutschland geht ein hässliches Wort um, dass in manchen Heimen alte Menschen nicht sterben, sondern dass sie „vertrocknen“. Selbst wenn dort und in Krankenhäusern genügend Wasser zur Verfügung gestellt wird, findet die Trinkmenge oft zu wenig Beachtung. Und auch in Privathaushalten wird oft vergessen, dass gerade ältere Menschen manchmal kein natürliches „Durstgefühl“ empfinden. So kommt es schnell zu einer Unterversorgung. Die Folge: Die Menschen sind verwirrt, erkennen ihre Angehörigen nicht mehr.

Andererseits haben Sterbende manchmal keinen oder nur einen geringen Appetit und möchten wenig oder nichts mehr trinken. Manchmal möchten Menschen nichts mehr trinken, um sich Windeln, häufigen Vorlagenwechsel oder einen Urinkatheter zu ersparen. Bei bestimmten Krankheitsbildern wie bei einer Herzinsuffizienz kann eine geringere Flüssigkeitszufuhr zudem eher wohltuend sein. Auch die Gründe für die Appetitlosigkeit können sehr verschiedenen sein: Müdigkeit und Kräfteverfall, Verstopfung zum Beispiel durch starke Schmerzmittel wie Opiate, nicht beherrschte Schmerzen, unangenehme Gerüche durch offene Wunden oder Ausscheidungen. Auch seelische Faktoren wie Alleinsein, mangelhafte Pflege und Betreuung, die Abneigung gegen das Essen oder die Angst zu erbrechen können die Ursachen sein. Wenn ein schwer kranker oder sterbender Mensch nicht mehr essen möchte, sollte die Personen im Umfeld also genau „hinhören", warum dies so ist.

Wenn sterbende Menschen nicht essen und trinken wollen

Oft hört man den Satz: „Du musst wieder essen, dann kommst du schon wieder zu Kräften." – ein Satz, der gesprochen wird, obwohl die Beteiligten wissen, dass das meist nicht so sein wird. Vielfach ist es ein Zeichen der Unsicherheit, Angst und Hoffnung auf Seiten der Helfer oder geschieht einfach nur aus dem Wunsch heraus, dem Sterbenden diese Zuwendung entgegenbringen zu können.

Die Bedürfnisse Sterbender und ihre Probleme beim Essen und Trinken sollten ernst genommen werden, um dann angemessen helfen zu können. Sterbende sollten nicht gegen ihren Willen zur Nahrungsaufnahme gezwungen oder überredet werden, häufig wird damit das Gegenteil (z. B. Übelkeit und Erbrechen) erreicht. Wichtig ist, das anzubieten, was dem sterbenden Menschen bekannt ist und von ihm geschätzt wird. Welche Gerüche liebt er? Welche Geschmacksrichtungen werden bevorzugt? Mag er lieber feste oder eher flüssige Nahrung? Welche Getränke mag er? Sinnvoll kann es sein, durch verschiedene Maßnahmen den Appetit bzw. die Nahrungsaufnahme zu stimulieren. So können Sie versuchen, durch speziell angereicherte Trinknahrung (Beratung in der Apotheke) die Nahrungsaufnahme zu erleichtern oder die Sinne (Riechen, Schmecken, Sehen) anzuregen. Nicht in erster Linie um den Sterbenden zum Essen zu überreden, sondern um sein Wohlbefinden zu fördern. Oder Sie erleichtern zum Beispiel durch Befeuchten der Lippen (Zahnbürste, Watteträger) mit einem bevorzugten Getränk das Öffnen des Mundes und somit die Gabe von Flüssigkeit oder Nahrung. Flüssigkeit können Sie mit Hilfe einer Pipette zuführen, wenn das Öffnen des Mundes schwer fällt.

Auf Mundpflege und -befeuchtung achten

Eine regelmäßige und oft durchgeführte Mundpflege und -befeuchtung ist besonders wichtig. Dazu können Sie unterschiedliche Teesorten wie Salbeitee, Pfefferminztee, Kamille etc. verwenden. Unangenehme Begleiterscheinung bei Austrocknung können gemindert werden durch Lutschen von Eisstückchen (aus Wasser sowie andere gefrorene Getränke wie Ananas-, Orangen- oder Zitronensaft). Die Fruchtsäfte fördern die Speichelproduktion und bewirken eine angenehme Kühlung und gute Mundbefeuchtung. Wichtig ist es auch hier, die Vorlieben der Menschen zu beachten.

Sondenernährung mit einer PEG

Eine PEG (perkutane endoskopische Gastrostomie) ist ein Schlauch aus Kunststoff, der als Ernährungssonde dient. Im Rahmen einer Magenspiegelung wird der Kunststoffschlauch durch die Bauchdecke in den Magen gelegt. Eine Ernährung mit speziellen chemischen Nährlösungen, wie sie bei der intravenösen Ernährung benötigt werden, ist bei der PEG nicht erforderlich. Über die PEG kann ein Mensch mit normalen Getränken oder flüssiger Kost ernährt werden. Es können auch Medikamente über die PEG gegeben werden. Es handelt sich bei der PEG also nicht um eine „künstliche Ernährung“, künstlich ist allenfalls der Weg der Nahrung in den Magen, da Mund und Speiseröhre ausgespart werden.

Die Anlage einer PEG kann bei verschiedenen Erkrankungen, die mit Schluckstörungen einhergehen, sinnvoll sein. Dabei ist es wichtig, zu überlegen, ob diese Schluckstörungen vorübergehend oder dauerhaft bestehen werden. Ebenso wichtig ist es zu überdenken, ob eine vorübergehende Gesundheitsstörung vorliegt oder ob mit weiterer Verschlechterung des Gesundheitszustandes zu rechnen ist.

Vor Anlegen einer PEG ausführlich informieren und beraten lassen

Bei Schluckstörungen nach Schädel-Hirnverletzungen oder Schlaganfall kann zum Beispiel die Möglichkeit bestehen, dass der Patient durch spezielle Behandlung in einem Reha-Zentrum das Schlucken wieder erlernt und eine Ernährung über die PEG die Zeit bis dahin nur überbrücken soll. Nach Wiedererlangung der Schluckfähigkeit wird die PEG entfernt und der Patient kann wieder normal essen und trinken. Bei speziellen Strahlenbehandlungen oder Chemotherapien kann eine PEG-Sonde hilfreich sein, wenn die Gefahr besteht, dass der Patient während der Behandlung nicht ausreichend Nahrung oder Flüssigkeit aufnehmen kann.

Andererseits kann die Anlage einer PEG-Sonde auch zu Konsequenzen führen, an die Patient oder Angehörige zunächst nicht denken. Treten erhebliche Schluckstörungen zum Beispiel im Rahmen einer Demenzerkrankung auf, kann das Fortschreiten der Demenzerkrankung durch die Ernährung über eine PEG-Sonde nicht aufgehalten werden. In der Vergangenheit hat das Vorhandensein einer PEG-Sonde auch schon dazu geführt, dass der Demenzkranke fixiert wurde, da die Gefahr bestand, dass er sich die Sonde bei Bewegungsunruhe selbst zieht.

Prinzipiell kann eine PEG auch wieder entfernt werden. Wenn sie allerdings nach „mutmaßlichem" Patientenwillen gelegt wurde, kann dies nur erfolgen, wenn eine neue Rechtsgrundlage vorliegt (der tatsächliche Patientenwille zum Beispiel durch die Vorlage einer Patientenverfügung bekannt wird) oder die Entfernung aus medizinischen Gründen notwendig ist.

Nicht gerechtfertigt ist die Anlage einer PEG-Sonde, wenn zum Beispiel ein pflegebedürftiger Mensch einfach nur langsam isst und trinkt und mit der PEG lediglich der Pflegeaufwand vermieden werden soll.

Manche Patienten verzichten auf die Anlage einer PEG-Sonde bei absehbar tödlich verlaufenden Erkrankungen oder in der Endphase des Lebens. Das führt dann zu einer „unzureichenden" Zufuhr an Nahrung und Flüssigkeit, was man aber als natürlichen Vorgang ansehen kann. Anders als bei gesunden Menschen, die verdursten oder verhungern, muss das allmähliche Austrocknen von Menschen in ihrer letzten Lebensphase keineswegs qualvoll sein. Den unangenehmen Begleiterscheinungen der dann ebenfalls austrocknenden Schleimhäute kann man mit einer Vielzahl pflegerischer Maßnahmen begegnen.

Natürlich gibt es alte und kranke Menschen, für die bis kurz vor dem Tod Essen und Trinken als Höhepunkt des Tages gelten. Daher ist es bedauerlich, dass nicht immer kranken- bzw. altengerechte Kost angeboten wird, sei es in manchen Krankenhäusern, Alten- und Pflegeheimen, sei es bei Angeboten wie „Essen auf Rädern" oder im Haushalt selbst bereitet. Das Essen sollte schmackhaft und frisch zubereitet sein, gut verträglich und appetitlich angerichtet. Kleine und dann häufigere Mahlzeiten können verträglicher sein. Grundsätzlich sollte immer etwas zum Essen zur Verfügung stehen. Und vor allem sollten die Lieblingswünsche der Sterbenden besonders berücksichtigt werden.

Da je nach Lebensalter (Status der Zähne) und gegebenenfalls auch Krankheitsbild – vielleicht ist eine besondere Diät notwendig – eine unterschiedliche Ernährung zu wählen ist, sollte man bei Bedarf eine Gesundheits- und Ernährungsberaterin aufsuchen.

Angemessene Körperpflege

Bei der Körperpflege, insbesondere bei der so genannten Ganzkörperwaschung, ist daran zu denken, dass dieses für Sterbende eine enorme Kreislaufbelastung darstellt. Es empfiehlt sich somit, die Häufigkeit und den Umfang des Waschens dem individuellen Zustand des Sterbenden anzupassen. In der Regel erfolgt die Körperwaschung unter dem Gesichtspunkt der Reinigung des Körpers und damit des Wohlbefindens; das Wasser hat für den Sterbenden auch noch eine besondere Bedeutung und erinnert unbewusst an seine ersten positiven Erfahrungen als Embryo im Mutterleib. Andererseits ist das Waschen (Berühren) eine mögliche Form der Kontaktaufnahme für Menschen, mit denen eine mündliche Kommunikation nicht mehr möglich ist. So kann bei sterbenden Menschen, die unruhig, ängstlich und verwirrt sind oder Schmerzen haben, eine beruhigende Waschung durchgeführt werden. Die Waschung erfolgt in Haarwuchsrichtung (dabei nicht rubbeln!). Die Wassertemperatur sollte zwischen 37 und 40 Grad Celsius liegen. Das Zimmer sollte gut temperiert sein und die Waschung in Ruhe durchgeführt werden. Unterstützen kann man diese beruhigende Wirkung zum Beispiel durch Badezusätze (z. B. Lavendelmilch) oder andere dem Sterbenden vertraute Zusätze.

Für Menschen, die in ihrer Wahrnehmung eingeschränkt sind

Basale Stimulation

Basale Stimulation ist ein Konzept zur Förderung, Pflege und Begleitung schwerstbeeinträchtigter Menschen. Es wurde zunächst in der Arbeit mit schwerst geistig und körperlich behinderten Kindern entwickelt und später in die Pflege Erwachsener übertragen. Bei der basalen Stimulation Sterbender geht es um die Begleitung und Interaktion mit Menschen, die zum Teil extreme Wahrnehmungseinschränkungen haben, die oftmals von sich aus keine Reaktionen mehr zeigen und ihre Bedürfnisse nicht mehr äußern können. Basale Stimulation ist eine Form der nonverbalen Kommunikation, die überwiegend über eine gezielte Form der Berührung geschieht. Damit soll den Menschen Sicherheit und Nähe vermittelt werden. Hier geht es nicht um oberflächliche, flüchtige Berührungen, sondern um für den Betroffenen nachvollziehbare und „sinnhaft" erlebte Handlungen. Das Konzept der basalen Stimulation bietet die Möglichkeit die Sprachlosigkeit, die oftmals im Angesicht des eintretenden Todes, des Schmerzes und Leidens eintritt, zu reduzieren. Dies kann nicht nur dem Sterbenden, sondern auch den professionellen Pflegekräften und den Angehörigen eine Hilfe sein.

Dekubitusprophylaxe

Verhinderung von Druckgeschwüren

Die Verhinderung von Druckgeschwüren hat durch die oft eingeschränkte Bewegungsfähigkeit in der letzten Lebensphase eine besondere Bedeutung. Grundsätzlich ist es sinnvoll, einen Sterbenden möglichst oft umzulagern – dennoch ist es kein absolutes Muss. Denn nicht jeder Sterbende bekommt „automatisch" ein Druckgeschwür. Und man muss berücksichtigen, dass der Lagerungswechsel für sterbende Menschen belastend und anstrengend sein kann. Unter anderem ist dies auch von den benutzten Hilfsmitteln und der Lagerungstechnik abhängig. Häufig reicht es, Kleinigkeiten zu verändern. Ein kleines Kissen, ein gerolltes Handtuch oder eine Decke unter ein bestimmtes Körperteil zu legen, es nach einer Weile wieder zu entfernen und an anderer Stelle neu zu platzieren. Im Vordergrund sollte eine für den Sterbenden bequeme Lage stehen. Bei den benötigten Hilfsmitteln wie Wechseldruckmatratzen oder spezielle Kissen gibt es ein reichhaltiges Angebot. Institutionen wie Altenheime oder Hospize halten diese Materialien in der Regel vor. Für den häuslichen Bedarf beraten Pflegedienste oder Sanitätshäuser umfassend und stellen entsprechende Produkte zur Verfügung.

Schmerztherapie und palliative Versorgung

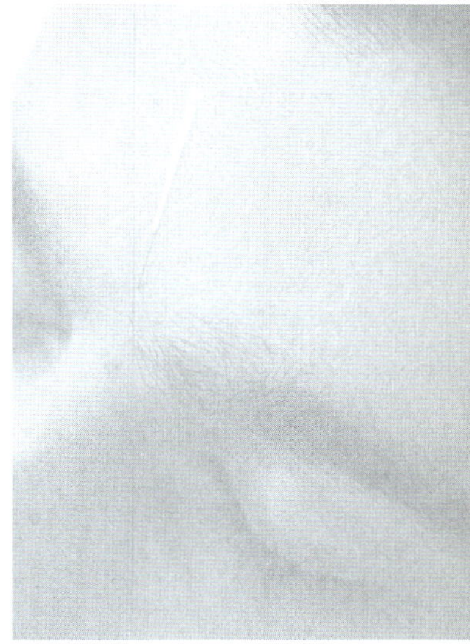

Ein besonders wichtiges Thema ist die Schmerzbehandlung schwer kranker und sterbender Menschen, egal ob sie sich im Krankenhaus oder zuhause aufhalten, denn oftmals wird der Sterbeprozess von Schmerzen begleitet. Sie gehören jedoch nicht in jedem Fall dazu, sondern eher zu einer Erkrankung. So haben etwa 90 bis 95 Prozent aller Tumor(Krebs-)patienten Schmerzen. Hinzu kommt die psychische Belastung, die diese Schmerzen zum Teil unerträglich werden lässt. Der Schmerz kann den Zustand des Sterbenden beherrschen. In dieser Phase hat er seine Warnfunktion verloren und beeinträchtigt das Wohlbefinden, wird zur Qual und behindert den Sterbenden, seine Umwelt wahrzunehmen, zu denken und angemessen mit seiner Situation umzugehen. Ein Gespräch über die Art ihrer Schmerzen ist oft nicht mehr möglich. In diesem Falle ist es besonders wichtig, körperliche Reaktionen zu beobachten, die auf Schmerzen hinweisen, und diese auch ernst zu nehmen.

> *„Der Schmerz ist das, was die Person sagt – und existiert jedes Mal, wenn sie es sagt."*
>
> *M. McCaffery, 1997*

Körperliche Schmerzen bei nahendem Tod muss heute (fast) niemand mehr haben: in fast allen Fällen ist eine ausreichende Schmerzbehandlung möglich. Es bleibt zwar oft ein kleiner Restschmerz übrig – aber es sind nicht die Qualen, vor denen viele Menschen große Angst haben. Die Schmerzbehandlung kann heute fast immer so erfolgen, dass die Behandelten bei Bewusstsein bleiben. Die Flucht in die Überdosis ist also nicht notwendig.

Auch starke Schmerzen können meist erfolgreich bekämpft werden

Um Schmerzen zu lindern, bestehen verschiedene Behandlungsmöglichkeiten: wie Analgetika, örtliche Betäubung, Nervenblockaden und Psychopharmaka. Zu den physikalischen Maßnahmen zählen die Wärme und Kälteanwendungen, Atemtherapie, Bewegungsübungen und elektrische Reizung durch ein spezielles Gerät. Als psychologische Unterstützung werden Entspannungsübungen, Meditation, Autogenes Training und Verhaltentherapie angewandt. Auch alternative Methoden wie Akupunktur, Aromatherapie, Kräuter und Tees, Öle und Salben werden eingesetzt. Voraussetzung für jegliche Therapie: die Zustimmung des Sterbenden und in Absprache mit dem behandlenden Arzt. Eine Schmerztherapie, die dem sterbenden Menschen gerecht werden will, beinhaltet nicht selten eine sinnvolle Kombination unterschiedlicher Methoden zur Schmerzlinderung. Hier ist ein Schmerzmanagement, wie es im Rahmen der palliativen Therapie angewendet wird, hilfreich.

Bei Tumorschmerzen Medikamente rechtzeitig nehmen

Die WHO (Weltgesundheitsbehörde) empfiehlt bei Tumorschmerzen Medikamente, die in regelmäßigen Abständen oral (durch den Mund) eingenommen werden, sodass ein gleichmäßig wirksamer Dosisspiegel im Körper aufrecht erhalten wird. Bevor der schmerzstillende Effekt einer Dosis verbraucht ist – bevor der Sterbende glaubt, er brauche eine neue Dosis – muss die Verabreichung erfolgt sein. Nur so ist es möglich, die Erinnerung an den und die Furcht vor dem Schmerz auszulöschen.

Manche Medikamente werden auch mit Hilfe von Pflastern durch die Haut verabreicht. Grundsätzlich soll die Schmerztherapie mit schwächeren Schmerzmitteln begonnen werden. Wenn diese nicht mehr ausreichen, werden Mittel mit stärkerer Wirkung empfohlen. In Stufe 1 sollen Nicht-Opoid-Schmerzmittel, in Stufe 2 schwach wirksame Opioide und in Stufe 3 stark wirksame Opioide gewählt werden.

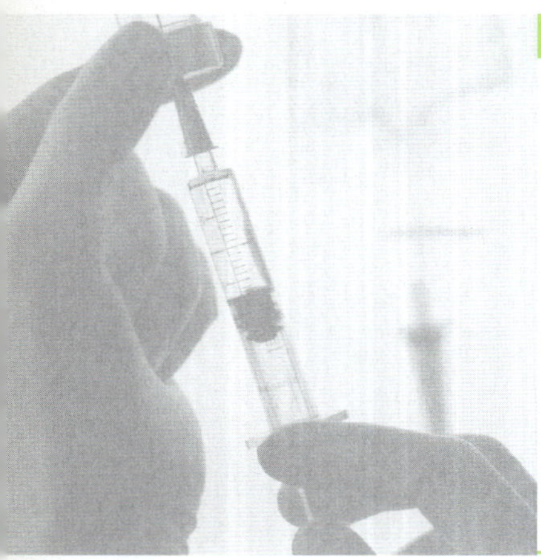

Morphin und andere Opioide in der Schmerztherapie

- Morphin und andere Opioide machen nicht süchtig, wenn sie bei großen Schmerzen eingenommen werden.
- Zu Beginn der Behandlung kommt es zu Müdigkeit und somit zu einem erhöhtem Schlafbedürfnis, häufiger auch zu Übelkeit. Dies gibt sich dann im Allgemeinen, wenn die Dosis nicht zu hoch ist.
- Eine Morphintherapie führt nicht zum Versagen anderer Organe (Niere, Leber etc.). Sie kann jedoch Atemlähmung und daher auch den Tod zur Folge haben.
- Morphin führt (fast) immer zu – behandelbarer – Verstopfung und kann eventuell zu starkem Juckreiz führen.

Nur in sehr wenigen Fällen ist quälender Schmerz heute noch nicht zu beherrschen, dann nämlich, wenn bei einem neuroapathischen Schmerztumor der Tumor in ein Nervengeflecht hineinwächst. Bei solch einem quälenden Schmerz bleibt als letzte Möglichkeit die Sedierung. Dabei erhält der Kranke Narkose- und Schmerzmittel, sodass er schläft und dann irgendwann im Schlaf stirbt. Dies ist zum Beispiel bei Atemnot manchmal ein allerletzter Weg, meist aber nicht notwendig, wenn man Palliativmediziner hinzuzieht.

Wenn die Schmerztherapie nicht reicht

Tatsächlich schätzen Fachleute aber, dass der Tumorschmerz in der Praxis nur für die Hälfte der Betroffenen einigermaßen erträglich gemacht wird. Lassen Sie sich also keinesfalls mit Argumenten wie „Suchtgefahr“ oder Ähnlichem abspeisen, wenn die Schmerzversorgung des Kranken nicht ausreichend ist. Und ausreichend ist eine Therapie dann, wenn der Patient nur noch geringe Restschmerzen empfindet, aber trotzdem bei Bewusstsein ist. Eine gut eingestellte Schmerztherapie erleichtert den Patienten die letzten Wochen, Tage und Stunden. Angehörige sollten daher unbedingt darauf bestehen, dass alles versucht wird, die Schmerzen zu lindern. Und sprechen Sie den betreuenden Arzt – falls er „mit seinem Latein am Ende“ ist – darauf an, dass ein Schmerztherapeut oder Palliativmediziner hinzugezogen wird. Oder suchen Sie auf eigene Faust einen Spezialisten auf.

Lebensqualität erhöhen

Häufig treten bei Tumorpatienten mit fortschreitender Krankheit zusätzliche Beschwerden auf wie Luftnot, Übelkeit, Magenschmerzen oder Mundtrockenheit. Erfahrene Palliativmediziner können vieles entscheidend lindern und so die Lebensqualität deutlich erhöhen. Informationen zu Palliativmedizinern mit Erfahrung können Sie über das Internet oder telefonisch, zum Beispiel bei Hospizen, erhalten.

Palliativmedizin
Die Palliativmedizin wird nach einer Definition der WHO beschrieben, als ein „Ansatz zur Verbesserung der Lebensqualität von Patienten und ihren Familien, die mit den Problemen konfrontiert sind, die mit einer lebensbedrohlichen Erkrankung einhergehen, und zwar durch Vorbeugen und Lindern von Leiden, durch frühzeitiges Erkennen, Einschätzen und Behandeln von Schmerzen sowie anderen belastenden Beschwerden körperlicher, psychosozialer und

Nicht mehr heilen, sondern lindern

spiritueller Art“. Im Zentrum der Behandlung steht nicht die Heilung sondern die Begleitung: „Palliativmedizin“ umhüllt und schützt den Betroffenen (lat. Pallium = Mantel). Bisher werden nur 2,1 Prozent der Sterbenden in Deutschland durch „Palliative Care“ versorgt.

Palliativmediziner haben zusätzliche Ausbildungsschwerpunkte wie Schmerzbehandlung, psychosoziale Versorgung oder Kontrolle und Linderung schwerwiegender Symptome. Die Bezeichnung „Palliativmediziner“ ist bei uns allerdings (noch) nicht geschützt.

Bei ambulanten Palliativdiensten betreuen Pflegekräfte mit einer Zusatzausbildung in der Palliativpflege und Ärzte mit einer Zusatzqualifikation in Palliativmedizin Schwerkranke entweder – neben der Betreuung durch den Hausarzt und den Pflegedienst – direkt oder beraten im Rahmen so genannter „Konsiliardienste“ Ärzte und Pflegedienste. Durch gute Schmerztherapie und Behandlung anderer Symptome sowie die Sicherheit umfassender Betreuung soll Patienten ermöglicht werden, ihre letzte Lebensphase zuhause und möglichst selbstbestimmt zu verbringen. Leider gibt es bisher in Deutschland nur sehr wenige ambulante Palliativdienste. Seit Anfang 2002 gibt es allerdings die Voraussetzung für eine Regelfinanzierung der häuslichen Palliativpflege (§ 39a Absatz 2 SGB V).

In Palliativstationen in Krankenhäusern (bundesweit gibt es etwa 100) arbeiten spezialisierte Ärzte und Pfleger zusammen mit Psychologen, Seelsorgern, Sozialarbeitern, Physiotherapeuten und anderen zusammen. In den meist wohnlicher gestalteten und nicht so hektischen Einrichtungen werden Patienten mit schwerwiegenden Symptomen in der letzten Lebensphase behandelt. Ziel ist es, die Schwerkranken so zu behandeln und zu stabilisieren, dass sie wieder nach Hause entlassen werden können.

Palliativmedizin bedeutet nicht, dem Leben bei fortgeschrittenen Erkrankungen mehr Zeit, sondern der verbleibenden Zeit mehr Leben zu geben.

Derek Doyle

Hospizarbeit

Das Sterben menschlich gestalten

Ziel der Hospizarbeit war ursprünglich, „dem Sterben ein Zuhause zu geben“: Dies war nicht örtlich gemeint, sondern inhaltlich. Es ist der Wunsch der Hospizbewegung, einen „guten Tod“ zu ermöglichen. Und es war auch immer der Wunsch der Hospizbewegung, die individuelle und gesellschaftliche Haltung zum Tod und zum Sterben zu verändern. In den fast zwanzig Jahren, in denen es diese Bewegung in Deutschland gibt, hat sich vieles in dieser Hinsicht geändert; und die Hospizarbeit hat daran sicherlich einen guten Anteil.

Hospizdienste verfügen über verschiedene Angebote, nicht alles ist in allen Städten verfügbar. Nachfragen lohnt jedoch, da durch ehrenamtliches Engagement individuelle Bedürfnisse oft erfüllt werden können.

Angebote von Hospizdiensten

- Stationäre Unterbringung und Pflege sterbender Menschen im Hospiz
- Ambulante Sterbebegleitung im häuslichen Bereich
- Individuelle Trauerbegleitung
- Gesprächskreise für Trauernde
- Durchführung von Trauerseminaren
- Ausbildung von Sterbebegleitern
- Ambulante palliative Hilfsangebote
- Hilfen bei der Patientenverfügung, Vorsorgevollmacht

Stationäre Hospize

Verschiedene Träger

Es gibt inzwischen in vielen deutschen Städten Hospize, die zum Teil von Kirchen, zum Teil von Wohlfahrtsverbänden und Stiftungen getragen werden.

Die stationäre Unterbringung in einem Hospiz erfolgt nur dann, wenn eine Gesundung nicht mehr möglich ist und der Tod deutlich naht. Hospize sind Sterbehäuser. Wichtig ist, dass diejenigen, die in ein Hospiz gehen, und auch ihre Angehörigen wissen, dass dort die Pflege nicht mehr darauf ausgerichtet ist, die Gesundheit zu erlangen, sondern dass es darum geht, ein Sterben in Würde zu ermöglichen.

„Die Angehörigen und die Bewohnerinnen und Bewohner sollten doch rechtzeitig Vorsorge getroffen haben, was nach dem Tod geregelt sein soll. Obwohl die Hospizbewohner wissen, dass sie bald sterben werden, schiebt ein großer Teil von ihnen diese Frage vor sich her. „Es ist ja noch Zeit", „noch geht es mir ja ganz gut", „wir können das demnächst besprechen" – selbst im Hospiz, wo die Bewohnerinnen und Bewohner sehr häufig erleben, dass einer aus der Gemeinschaft ganz plötzlich nicht mehr da ist, selbst dort werden die Regelungen verdrängt. Wenn man bedenkt, dass die durchschnittliche Verweildauer etwa 14 Tage beträgt, sieht man, wie stark der Mensch vor dieser Aufgabe flüchtet."

Leiterin eines Hospizes

Die Atmosphäre und Stimmung in den Hospizen ist deshalb aber nicht hauptsächlich von Trauer geprägt. Die Bewohner wissen voneinander, dass sie in naher Zukunft sterben werden – geredet wird darüber aber nicht permanent. Im Gegenteil, man lebt in diesem Wissen wie in einer familiären Wohngemeinschaft, so lange es geht.

Kleinere Einrichtungen mit intensiver Betreuung

Hospize sind darauf eingerichtet, Sterbende zu pflegen und zu betreuen. Sie verfügen über mehr Personal als Krankenhäuser; sie setzen qualifiziertes Personal (meist mit spezieller Weiterbildung) ein. Es sind kleine, überschaubare Einrichtungen mit selten mehr als acht bis zwölf Betten. Und die Pflegesätze sind höher als in Pflegeheimen, oft auch höher als in Krankenhäusern (››› Seite 77).

Die Aufnahme

Oft rät der Hausarzt zur Aufnahme ins Hospiz (oder auch Ärzte im Krankenhaus oder Pflegeheim). Viele Hospize können zudem von den Angehörigen selbst angesprochen werden. Die Hospize prüfen dann, ob eine Aufnahme aus ihrer Sicht sinnvoll erfolgen kann.

Dabei spielt einerseits die jeweilige Belegung eine Rolle. Gleichfalls muss die Kostensituation geklärt werden. Ebenso wichtig ist der persönliche Zustand des zu Pflegenden: Hospize nehmen nur Menschen auf, deren Lebenserwartung weniger als sechs Monate beträgt. Viele verlangen, dass die zu Pflegenden dies wissen und auch damit einverstanden sind, dass die Pflege sich im Hospiz nur darauf ausrichtet, die Lebensqualität in dieser Zeit zu steigern, Heilmaßnahmen aber abgesetzt werden.

Nur für Patienten mit kurzer Lebenserwartung

Das sorgfältige Aufnahmeverfahren hat auch zum Ziel zu überprüfen, ob die Unterbringung im Hospiz eine zumutbare Belastung für die Sterbenden darstellt. Denn in jedem Fall ist die Verlegung in ein Hospiz mit Anstrengungen verbunden: Die neue Umgebung, neue Menschen, neue Pflegekräfte – das alles belastet und muss daher bedacht sein.

Leitfragen zur Aufnahme in das Hospiz

- [ ] Sind andere Möglichkeiten der Betreuung ausgeschöpft bzw. nicht möglich?
- [ ] Ist die unheilbare Krankheit weit fortgeschritten und eine Heilung ausgeschlossen?
- [ ] Ist nur noch eine Lebenserwartung von wenigen Wochen oder Monaten zu erwarten?
- [ ] Erfolgt die Verlegung in das Hospiz freiwillig und ist der Patient darüber aufgeklärt?
- [ ] Welche Erwartungen bestehen an das Hospiz?
- [ ] Welche Versicherungen treten für den Patienten ein?

Quelle: Uhlhornhospiz, Hannover

Viele Menschen haben vor Aufnahmegesprächen Angst. In diesem Fall ist sie allerdings unbegründet, denn bei der Aufnahmeentscheidung geht es vor allem um das Wohl des Sterbenden. Dem dient vor allem die Frage nach den Erwartungen der Betroffenen. Denn das Hospiz möchte sich verständlicherweise gerne darauf einstellen können, ob zum Beispiel eine religiöse Betreuung erfolgen soll. Dann müssen die Mitarbeiter unter Umständen Kontakt zu einer Moschee oder einem buddhistischen Tempel aufnehmen oder sie versuchen, sich selbst vorher auf diese Glaubensrichtungen vorzubereiten, um die jeweiligen Hospizbewohner nicht emotional zu verletzen.

Die Religionszugehörigkeit selbst spielt bei der Aufnahme keine Rolle, auch nicht bei den Hospizen, die von religiösen Einrichtungen getragen werden. Zunehmend werden dort Menschen betreut, die jüdischer, islamischer oder buddhistischer Religion/Weltanschauung sind.

Kinderhospize und ambulante Kinderhospizdienste

Keine Rolle spielt auch das Alter, von Kinderhospizen abgesehen. Kinderhospize gibt es seit 1998, als das Kinderhospiz Balthasar in Olpe gegründet wurde. Inzwischen sind sie in einigen Städten (Berlin, Düsseldorf, Gelsenkirchen, Halle, Hamburg, Syke, Wiesbaden) zu finden; in anderen Städten bestehen Initiativen, die eine Gründung beabsichtigen. Daneben gibt es eine Reihe ambulanter Kinderhospizdienste. Aktuelle Auskunft erhalten Sie bei Bedarf bei dem Deutschen Kinderhospizverein oder der Deutschen Hospiz Stiftung (»» Seite 200).

Keine Rolle spielt auch der Wohnort des Patienten: Jemand, der in Süddeutschland wohnt, kann unproblematisch die Aufnahme in ein norddeutsches oder ostdeutsches Hospiz beantragen und umgekehrt. Sinnvoll ist dies oft deshalb, weil die Bewohner dann in der Nähe ihrer engsten Verwandten bleiben können, die sich dadurch besser um sie kümmern können.

Die Aufnahmegespräche finden meistens dort statt, wo der sterbende Mensch lebt. Inzwischen kommt es allerdings nicht selten vor, dass todkranke Menschen selbst den Kontakt zum Hospiz aufnehmen und das Hospiz in manchen Fällen vorher sogar besichtigen. Da viele Hospize „Tage der offenen Tür“ durchführen, ist solch eine Besichtigung auch gesunden Menschen durchaus zu empfehlen.

Hauptgründe für die Aufnahme in ein Hospiz sind:

- Ein Mensch hat eine schwere, fortschreitende Krankheit und es ist absehbar, dass er innerhalb von sechs Monaten sterben wird. Diese Monate sind gesetzlich nicht festgelegt, gelten aber wegen der ungenauen Formulierung im Sozialgesetzbuch („Lebenserwartung von Wochen und wenigen Monaten“) als pragmatischer Wert.
- Die Pflege ist zuhause nicht mehr sicherzustellen.
- Im Krankenhaus kann keine Heilbehandlung mehr erfolgen, sodass der Sterbende sich in einer schöneren und individuell angepassten Umgebung wohler fühlen kann.
- Überbelegung im Krankenhaus.

Allerdings erfolgt die Aufnahme in ein Hospiz immer nachrangig. Eine Übernahme aus einem Heim oder aus dem Krankenhaus ist in Sonderfällen möglich.

Wer länger im Hospiz wohnt, als ursprünglich bei der Aufnahme absehbar war, lebt länger dort – mehr ist dazu nicht zu sagen, soweit es die formale Seite angeht. Es gelingt trotz aller medizinischen Erfahrung oft nicht, die Lebenserwartung richtig einzuschätzen: sie kann sowohl zu kurz als auch zu weit gefasst sein. Insofern sind solche Werte mit äußerster Vorsicht zu genießen und vor allem die Patienten selbst nicht damit zu verunsichern. Allerdings stellen die Pflegekräfte im Hospiz oft fest, dass Bewohner, die lange, also mehrere Monate dort leben, großen psychischen Belastungen ausgesetzt sind. Wissend, dass auch sie dort sterben werden, und erfahrend, dass die Mitbewohner kommen und sterben, werden sie unsicher und ruhelos. Im Hospiz lebt man ja in einer Gemeinschaft; man ist nicht Patient. Man ist Bewohner, die Gemeinschaft ähnelt einer Wohngemeinschaft: man trifft sich im Gemeinschaftsraum, kocht vielleicht sogar zusammen, feiert auch Feste und grillt im Sommer; man weiß, wenn jemand gestorben ist und verabschiedet sich oftmals von den Verstorbenen. Dies lange auszuhalten, ist für viele Bewohner von Hospizen sehr schwierig – auch deshalb ist es sinnvoll, bei der Aufnahme eine begrenzte, nicht zu lange Zeit des Aufenthaltes abzuschätzen.

Sich rechtzeitig um einen Hospizplatz kümmern

Die Hospize haben im Allgemeinen nur eine sehr begrenzte Zahl von Betten und sind fast immer voll belegt. Es ist daher sinnvoll, dass sich Angehörige rechtzeitig erkundigen, welche Hospizmöglichkeiten es in ihrer Umgebung gibt. Und es ist sicherlich ratsam, rechtzeitig das Gespräch mit der Hospizleitung zu suchen, um über die mögliche Aufnahme zu beraten.

Der Aufenthalt im Hospiz

Den Schwerpunkt der Pflege auf die Lebensqualität zu setzen, bedeutet vielfach, vor allem dafür zu sorgen, dass die Menschen schmerzfrei sind. Die Sterbenden können im Hospiz von ihrem Hausarzt betreut werden; die Hospize können die ärztliche Betreuung aber auch direkt sicherstellen, vor allem haben sie Zugang zu Palliativärzten oder Ärzten mit palliativer Zusatzausbildung.

Im Hospiz gelten für die Betreuung der sterbenden Menschen besondere Grundsätze: Die verbleibende Zeit soll ihnen möglichst schön gemacht werden. Es gibt also wenig Regeln, die von außen eingrei-

Wünsche sterbender Menschen sollen erfüllt werden

fen. Wann jemand aufstehen oder schlafen will, wann jemand essen möchte und was – das alles kann besprochen werden und richtet sich möglichst weitgehend nach den Wünschen der zu Pflegenden.

Das Lieblingsgericht zu erhalten oder auch mitten in der Nacht etwas zu essen zu bekommen, das sind Wünsche, die erfüllt werden, wenn es aus gesundheitlichen Gründen nur irgend möglich ist. Hin und wieder können allerdings auch in den Hospizen Situationen entstehen, in denen das Pflegepersonal so belastet ist, dass Wartezeiten auftreten.

Für Gespräche mit den kranken Menschen ist in den Hospizen viel mehr Zeit als in Altenheimen und Krankenhäusern. Natürlich wünschen sich die Hospize auch den Besuch der Verwandten; und auch in Hospizen reicht die Zeit der Pflegekräfte nicht immer aus, sodass zusätzlich Ehrenamtliche eingesetzt werden. Das Gespräch wird aber immer als sehr wichtig betrachtet. Man fällt also keineswegs lästig mit seinen Fragen, im Gegenteil.

„Mein Wunsch an die Bewohnerinnen und Bewohner unseres Hospizes ist, dass sie uns immer wieder gleich ansprechen, wenn sie es (eigentlich) möchten. Denn sie sind von anderen Einrichtungen wie Pflegeheimen und Krankenhäusern so daran gewöhnt, dass man auf Fragen und Gesprächswünsche unwillig oder sogar ärgerlich reagiert, dass sie glauben, dass dies bei uns genauso ist."

Leiterin eines Hospizes

In einem Hospiz gibt es keine Besuchszeiten. Die Angehörigen können jederzeit kommen und gehen, wobei natürlich erwünscht und manchmal auch gefordert wird, dass sie sich anmelden. Denn die Pflegekräfte haben die Verantwortung für die zu Pflegenden und möchten daher wissen, wer sich im Haus befindet. Eine Übernachtung von Angehörigen kann oftmals möglich gemacht werden.

Die Hospize haben im Allgemeinen auch besondere Räume, in denen die Toten aufgebahrt werden, damit die Angehörigen ohne Zeitdruck und ungestört Abschied nehmen können. Diese Räume sind meistens liebevoll gestaltet, sodass Ruhe, Besinnung und Trauer dort ihren Platz finden können.

Die Kosten

Die Kosten für die Unterbringung im Hospiz übernehmen:

- die Krankenversicherung
- die Pflegeversicherung
- 10 Prozent der Träger der Einrichtung
- die Bewohnerin bzw. der Bewohner oder ihre Angehörigen.

Kostenübernahme klären

Die Höhe des Zuschusses regelt die Kasse in ihrer Satzung. Für 2004 lag die Untergrenze bei 144,90 Euro täglich in den alten und 121,80 Euro in den neuen Bundesländern. Eine Bezuschussung ist nicht möglich, wenn ein Patient bereits in einem Pflegeheim versorgt wird. Während des Aufenthalts im Hospiz ist es möglich, Leistungen der Pflegeversicherungen bei häuslicher Pflege zu beziehen. Gehört das Hospiz jedoch zu den von den Pflegekassen zur vollstationären Pflege zugelassenen Einrichtungen, stehen ausschließlich die Leistungen bei vollstationärer Pflege zu (››› Seite 26). Der Eigenanteil der Patienten beträgt je nach Tagessatz des Hospizes bis zu 50 Euro pro Tag; er kann sich um etwa 50 Euro täglich erhöhen, wenn keine Pflegestufe vorliegt.

Wenn der Anteil von den Bewohnern nicht aufgebracht werden kann, tritt auf Antrag das Sozialamt für diese Kosten ein (Hilfe in besonderen Lebenslagen). Die Bedürftigkeit ist nachzuweisen. Die Sozialämter können diese Kosten unter Umständen von Angehörigen zurückfordern – infrage dafür kommen Eltern, Kinder und der Ehepartner. Manche Sozialämter verzichten allerdings darauf, insbesondere wenn die Unterbringung nur für eine kurze Zeit notwendig war.

In jedem Fall muss die Kostenübernahme vor der Aufnahme geklärt werden. Alle Hospize sind aber darauf eingerichtet, dies mit den Angehörigen oder anderen Beauftragten zu besprechen und stehen dabei mit Rat und Tat zur Seite.

Ambulante Hospizdienste

Hospizarbeit kann auch ambulant stattfinden, in der Regel also in der häuslichen Umgebung. Allerdings gehen die ambulanten Hospizdienste mehr und mehr dazu über, auf Anforderung in Pflegeheimen oder Krankenhäusern mitzuhelfen, die Sterbenden zu betreuen.

Kostenloses Angebot für Sterbende und ihre Familien

Die Sterbebegleitung durch Mitarbeiter der ambulanten Hospize ist im familiären Bereich kostenlos. Die Einrichtungen (häufig sind dies kirchliche Einrichtungen oder Wohlfahrtsverbände) erhalten für einen Teil der Aufwendungen finanzielle Mittel von den Krankenkassen.

Die ambulante Hospizarbeit wird auch als Sterbegleitung bezeichnet, die Mitarbeiter werden Sterbebegleiter genannt – damit soll deutlich gemacht werden, dass es bei den Einsätzen nicht um zusätzliche Krankenpflegekräfte geht. Die Mitarbeit in der ambulanten Hospizarbeit geschieht ehrenamtlich. In guten Einrichtungen wird jedoch eine Ausbildung gefordert, die circa 150 Stunden umfasst. Erkundigen Sie sich danach, wenn Sie zum ersten Mal Sterbebegleiter anfordern.

Aus- und Weiterbildung von ehrenamtlichen Mitarbeitern
Eine Auswahlkommission stellt zunächst die grundsätzliche Eignung fest. Daneben spielen fachliche Inhalte eine große Rolle, z. B. die Palliativmedizin. Denn die Sterbebegleiter müssen oft mit dafür sorgen, dass die Sterbenden schmerzfrei gestellt werden und brauchen deshalb ein entsprechendes Grundwissen. Weiterhin nimmt die Gesprächsführung mit Sterbenden mit ihren vielen Aspekten großen Raum ein. Die Sensibilisierung für die Situation der Sterbenden und ihrer Angehörigen ist dabei ebenso wichtig wie die Art und Weise, wie Fragen gestellt werden. Die Ausbildung findet nicht nur theoretisch statt, sondern hat auch praktische Anteile.

Sterbebegleiter sind im Allgemeinen zu Supervisionsgruppen zusammengefasst, die sich regelmäßig treffen. Die Supervision dient dabei nicht nur dem Erfahrungsaustausch, um voneinander zu lernen; sie dient gegebenenfalls auch der Korrektur und natürlich der Wissenserweiterung, denn diese Treffen werden mit Vorträgen und Diskussionen ergänzt.

Für die ambulanten Hospizdienste spielt die Religionszugehörigkeit der zu Betreuenden meist keine Rolle; das gilt auch weitgehend für kirchliche Einrichtungen. Die Religionszugehörigkeit kann aber bedeutsam werden, wenn der Sterbende sehr religiös ist und nur von einem Angehörigen seines Glaubens begleitet werden möchte.

Grundregeln für die Begleitung Sterbender

Bei der Begleitung sterbender Menschen orientieren sich die ambulanten Hospizdienste an einigen Grundregeln:

- Achten Sie auf die Bedürfnisse des/der Sterbenden. Nur ihre/seine Wünsche und Gedanken sind entscheidend, nicht was ÄrztInnen oder Andere meinen.
- Achten Sie auf Ihre eigenen Grenzen. Holen Sie sich Hilfe, bevor Sie sich zeitlich, emotional oder pflegerisch überfordern oder voller Angst fühlen.
- Der/die Sterbende muss medizinisch gut versorgt sein und seine Beschwerden können gelindert werden. Schmerzen, Übelkeit, Erbrechen, Luftnot und anderes kann ein erfahrener Arzt behandeln. Auch Fragen der Pflege und der Ernährung sollten besprochen werden.
- Halten Sie gewohnten und vertrauten Körperkontakt aufrecht, so Sie beide das Bedürfnis danach haben. Mitunter ist es sogar leichter, einen sterbenden Menschen taktil als verbal zu erreichen.
- Das Leben muss nicht verlängert werden, aber die verbleibende Zeit kann mit Leben erfüllt werden. Sie helfen dem/der Sterbenden, wenn Sie ehrlich, achtsam und einfühlsam sind.
- Viele Sterbende erleben sich auf spiritueller Ebene ganz neu und sehr intensiv. Für Sie als BegleiterIn kann das Miterleben ein großes Geschenk sein. Versuchen Sie offen zu sein. Viele Sterbende freuen sich, ihre Erfahrungen mitteilen zu dürfen und einen Gesprächspartner zu finden.
- Die Würde eines Sterbenden muss mitunter in Institutionen wie einem Pflegeheim oder einem Krankenhaus verteidigt werden. Dies ist dann auch Ihre Aufgabe. Besprechen Sie mit dem Sterbenden so früh wie möglich seine Wünsche bezüglich lebensverlängernder Maßnahmen, künstlicher Ernährung und die Entscheidung über eine evtl. zu bevollmächtigende Person.
- Der Abschied von dem Sterbenden oder/und dem Verstorbenen ist für Angehörige und Freunde von großer Bedeutung. Vielleicht gibt es noch etwas Wichtiges zu sagen, vielleicht braucht der Sterbende die Zusage, dass er gehen darf, vielleicht gibt es noch eine vertraute und geliebte Gewohnheit. Versuchen Sie ehrlich zu sein. Sie werden möglicherweise sehr weinen, aber das wird niemanden – schon gar nicht den Kranken – stören.
- Beim Umgang mit dem Verstorbenen, mit dem Leichnam, ist die oberste Regel: keine Eile!
  Es tut Ihnen gut, auch mit ihm würdig umzugehen. Man kann Verstorbene ohne Bedenken ein bis zwei Tage bei sich behalten. Verwesung setzt noch nicht ein. Die Veränderungen, die stattfinden, sind hygienisch völlig unbedenklich.
- Es wird Ihnen gut tun, zumindest eine Einrichtung oder einen Menschen mit Erfahrung im Hintergrund zu haben. So können Sie sich immer, wenn Sie unsicher werden, rückversichern. Gut ist es, wenn Sie die Sterbebegleitung auf mehr Menschen verteilen, damit Sie sich auch mal erholen können.
- Hier bekommen Sie Hilfe:
  Ambulante Palliativ- und Hospizdienste/Hospizgruppen, Pflegedienste mit onkologischem Schwerpunkt, Ärzte: Palliativmediziner, Schmerztherapeuten, Onkologen, Stationäre Hospize, Palliativstationen.

Quelle: Mareile Preuschhof, ambulanter Palliativ- und Hospizdienst des ev. luth. Stadtkirchenverbandes Hannover Bodenstedtstraße 6, 30173 Hannover hospizdienst.hannover@evlka.de

Die Sterbenden entscheiden, wer sie begleitet

Die ambulanten Hospizdienste klären vor der Aufnahme der Sterbebegleitung, was zu tun ist und ob und wie dies geleistet werden kann. Diejenigen, die eine Sterbegleitung wünschen, haben das Recht, die Sterbebegleiterin oder den Sterbebegleiter auszuwählen und sollten dies bewusst und kritisch tun. Während der Sterbebegleitung kann jederzeit der Wunsch nach einem Austausch gestellt werden. Das Prinzip ist bereits in der Ausbildung klar besprochen und muss von allen Sterbebegleitern akzeptiert werden. Nichts wäre schlimmer, als wenn Sterbende oder die Angehörigen hier falsche Rücksicht nehmen würden.

Die häufigsten Gründe für die Anforderung des ambulanten Hospizdienstes:

- Die Angehörigen fühlen sich durch die Pflege zeitlich oder psychisch überfordert.
- Es fehlt an Erfahrung mit Sterbenden umzugehen.
- Es ist niemand da, der sich um den Sterbenden kümmern kann, oder Angehörige haben zu wenig Zeit oder wohnen zu weit entfernt.

Welche Aufgaben werden übernommen?
Jede Anforderung für eine ambulante Sterbebegleitung ist individuell unterschiedlich. Um aber die Möglichkeit für eine Orientierung zu schaffen, finden Sie im Folgenden vier Beispiele aufgelistet.

Beispiel 1

Herr M. war an Krebs erkrankt, die Ärzte im Krankenhaus hatten ihm mitgeteilt, dass er nicht mehr geheilt werden könne und vermutlich auch nur noch wenige Wochen leben würde. Er wollte zuhause sterben, seine Frau konnte jedoch nicht ständig bei ihm bleiben, da sie halbtags berufstätig war und dies auch nicht ändern konnte. Herrn und Frau M. ging es nicht um die Pflege, sondern darum, dass in ihrer Abwesenheit jemand bei dem Kranken wäre: Er sollte nicht einsam sterben und sie wollte schnell gerufen werden, falls der Tod nahte.

Der Hospizdienst konnte durch den Einsatz mehrerer Ehrenamtlicher sicherstellen, dass bis zum Tod des Mannes vormittags immer jemand anwesend war. Herrn M.s Wunsch, nämlich noch einmal durch einen in der Nähe gelegenen Park gefahren zu werden, konnte so ebenfalls noch erfüllt werden.

Beispiel 2

Im Seniorenheim lag Herr G. im Sterben. Seine Verwandten besuchten ihn, allerdings konnten sie aufgrund der räumlichen Entfernung nur am Wochenende kommen. Außerdem entstand durch seine Äußerungen der Eindruck, dass er gerne von einem Mann besucht würde und mit einem Mann sprechen wolle. Sowohl das Pflegepersonal als auch die Verwandten waren Frauen.

Für Herrn G. konnte ein ehrenamtlicher Mitarbeiter gefunden werden, der altersmäßig passte, der von Herrn G. als Gesprächspartner akzeptiert wurde und der auch der Familie als Entlastung willkommen war. Herr G. wurde so über einige Wochen einmal wöchentlich besucht.

Beispiel 3

Bei Familie K. lag das krebskranke Kind im Sterben, Mutter und Vater waren dadurch so tief getroffen und psychisch geschwächt, dass Bekannte ihnen geraten hatten, den Hospizdienst einzuschalten, um dem Kind das Sterben zu erleichtern. Die Eltern sprachen deshalb den Hospizdienst an.

Familie K. benötigte, wie sich herausstellte, nicht nur für die Eltern Hilfe; auch der kleine Sohn war durch die Trauer der Eltern überfordert. Durch einen relativ jungen ehrenamtlichen Sterbebegleiter für den Jungen und zwei weitere Mitarbeiter für die Eltern konnte die Familie entlastet werden.

Beispiel 4

Frau B. lebte mit ihrer sehr alten, bettlägerigen Mutter allein und pflegte sie seit langem zuhause. Die Mutter war nur noch zeitweise ansprechbar. Frau B. wandte sich schließlich an den Hospizdienst, denn sie kam so gut wie gar nicht mehr aus dem Haus. Ihre eigene Angst, die Mutter könne dann alleine sterben und auch die Angst der Mutter, alleine zu sein, hielten Frau B. davon ab.

Für Frau B. konnte jemand gefunden werden, die insbesondere auch die Situation von Frau B. verständnisvoll aufnehmen konnte und für sie eine wichtige Gesprächspartnerin wurde, weil hinter den Ängsten um den Tod der Mutter bald Ängste sichtbar wurden, die das Leben der Tochter betrafen.

Oft sind es Gespräche über Leben und Tod, die Frage nach dem Sinn des Todes oder einfach nur „da sein“, zuhören, die Hand halten oder kleine pflegerische Maßnahmen, die notwendig sind, um die Sterbenden und deren Angehörige zu entlasten. Nicht selten sind ganz praktische Tipps zu geben und umzusetzen, zum Beispiel zur Schmerzlinderung oder Minderung/Beseitigung anderer störender Umstände. Nicht immer wissen die Angehörigen, was Sterbende stört. Und nicht selten sagen diese es Fremden lieber als den Angehörigen.

Was die Sterbebegleiter tun, was wann und wie geschieht, bestimmen die Sterbenden und ihre Angehörigen. Ob der Wunsch nach Gebeten besteht oder über den Tod gesprochen werden soll – oder ob diese Themen unberührt bleiben sollen –, diesen Wünschen wird entsprochen.

Die Sterbebegleitung kann sich oft über mehrere Monate erstrecken. Vielfach sind die Sterbenden gar nicht mehr ansprechbar. Die Sterbebegleiter sehen es als ihre Aufgabe an, den Sterbenden diese Zeit so angenehm wie möglich zu gestalten – soweit sie dies können, denn je nach Situation sind sie ja oft „nur“ zwei oder drei Stunden in der Woche bei den Sterbenden. Alte Fotoalben gemeinsam ansehen, schöne Musik hören, Bücher vorlesen, Spiele spielen: Alles, was Freude in diese Zeit bringt oder auch nur ablenkt, ist angemessen.

Die Sterbebegleitung ist allerdings keine zusätzliche (Pflege-)Leistung im Sinne häuslicher Hilfe oder Krankenpflege. Sterbebegleiter übernehmen solche Aufgaben zwar immer wieder. Aber sie haben im Allgemeinen keine Ausbildung zur Krankenpflege. Und sie sollten ihre ehrenamtliche Zeit nicht mit Reinigungsarbeiten und dergleichen verbringen.

Nachtwachen
Manche Hospizdienste setzen ihre ehrenamtlichen Kräfte in begrenztem Umfang auch für Nachtwachen ein oder vermitteln zumindest qualifizierte und vertrauenswürdige Nachtwachen. Je nach Krankheitsbild und/oder Situation ist das eine besonders wichtige Hilfe.

Inzwischen gibt es in vielen deutschen Städten ambulante Hospizdienste. Vorbildlich ist sicherlich die Einrichtung in Hannover, die neben über 70 ehrenamtlichen Sterbebegleitern eine professionelle Ausbildung sicherstellt und einen Palliativdienst eingerichtet hat, den ein Arzt und zwei Krankenschwestern wahrnehmen und an den sich die ehrenamtlichen Kräfte ebenso wenden können wie Menschen, die für sich oder ihre Angehörigen Hilfe benötigen.

Die Begleitung sterbender Kinder

Unterstützung bei dieser Aufgabe suchen

Dies ist eine ganz besonders schwierige Aufgabe. In jedem Fall ist es sinnvoll, sich rechtzeitig Hilfe zu suchen. Denn für die Eltern und auch die Geschwister ist es besonders schwierig, loslassen zu können und gleichzeitig das Leid mit anzusehen. Die Hilfe ist nicht nur notwendig, um die konkreten Alltagsaufgaben erledigen zu können, sie ist auch notwendig, um psychisch stark genug sein und bleiben – und wenn Geschwister da sind, auch noch Zeit und Aufmerksamkeit für sie aufbringen – zu können.

Es gibt inzwischen auch Kinderhospize (››› Seite 74) und ambulante Hospizarbeit für Kinder in einer ganzen Reihe von Städten, die zum Beispiel unter *www.deutscher-Kinderhospizverein.de* abgefragt werden können.

Kinder stellen viele Fragen, die kindgemäß beantwortet werden müssen. Kinder haben vielfach weniger Angst vor dem Tod als Erwachsene. Aber sie wollen oft sehr konkrete Antworten auf ihre Fragen haben: Bist du traurig, wenn ich tot bin? Wie ist denn das, wenn ich tot bin? Wann muss ich sterben? Antworten auf diese Fragen müssen „echt" sein. Wenn man keine Antwort weiß, wird das akzeptiert. Unechte Antworten – und Kinder merken dies noch leichter als Erwachsene – führen viel schneller als bei älteren Menschen zu Verzweiflung.

Kinder machen im Übrigen meistens noch keinen Unterschied beim Tod von Menschen und Tieren. Nicht zuletzt deshalb ist es wichtig, dass Eltern dann, wenn der kleine Hamster oder ein anderes Tier stirbt, den Tod zu einem angemessenen Thema zu machen.

Bei der Arbeit mit sterbenden Kindern hat es sich meist als sehr nützlich erwiesen, künstlerisch zu arbeiten, zu malen, basteln oder mit Ton zu werken. Kinder drücken so oft sehr gut aus, was sie bewegt, sodass man Ansatzpunkte finden kann, ihnen zu helfen.

Jeder Mensch stirbt auf die eigene Art und Weise. Bei dem einen dauert das Sterben sehr lang, der andere vermag dagegen schnell zu gehen. Die eine muss einen heftigen Todeskampf bewältigen, die andere entschläft ganz sanft. Dennoch gibt es eine Fülle von Erfahrungen, die zeigen, dass bestimmte Vorgänge immer wieder auftreten. Und natürlich ist der biologisch-körperliche Vorgang des Sterbens beschreibbar, obwohl auch dieser Prozess unterschiedlich ausgeprägt ist.

Der Sterbeprozess

Woran Sie denken sollten

- Nahe Angehörige informieren
- Falls Organspendewunsch besteht: Transplantationszentrum verständigen
- Bei Wunsch: geistlichen Beistand rufen

Zeitpunkt des Todes schwer vorherzusagen

Der Tod kündigt sich an, aber er hat seinen eigenen, unklaren Zeitplan. Nicht zuletzt deshalb lässt er sich so schwer voraussagen. Bei schweren Erkrankungen geben die Ärzte auf Bitten manchmal Schätzwerte an, dass Patienten eine bestimmte Lebenserwartung von wenigen Monaten, Wochen oder auch Tagen haben. Diese Werte beruhen auf Erfahrungen und können richtig sein. Da sie im Allgemeinen eine Hilfe für die Betroffenen sein sollen, Entscheidungen über die weitere Pflege und Lebensweise zu treffen, sind solche Angaben auch wertvoll. Selbst wenn es immer wieder vorkommt, dass sie sich als „falsch" herausstellen, spricht nicht gegen sie. Sie bieten eine Chance, die verbleibende Zeit sinnvoll und schön zu gestalten – man muss nur wissen, dass der Lebensweg sich doch anders entwickeln kann.

Anzeichen für den Sterbeprozess

Hilfreich können neben biologischen Anzeichen manchmal auch die Äußerungen und Verhaltensweisen der sterbenden Menschen selbst sein. Manchmal scheinen Sterbende über ein „Wissen" zu verfügen, das wir Lebenden nicht direkt erfassen können. Wichtig für die Entschlüsselung von Anzeichen und deren Einschätzung ist allerdings, dass sie von dem sonst Üblichen abweichen: Es kommt also zusätzlich zu Äußerungen und Verhaltensweisen darauf an, dass Veränderungen bemerkbar sind. Die Ausführungen im Folgenden sind nicht so zu verstehen, dass dies (alles) passieren muss. Manches kann geschehen und passt oft zu bestimmten Lebenswünschen der

Sterbenden. Und natürlich können auch Phänomene auftreten, die hier nicht genannt sind.

Reaktionen sterbender Menschen können auf Anwesende irritierend wirken

Sterbende Menschen verwenden Wörter oft mit ihrer symbolischen Bedeutung, statt mit dem konkreten Inhalt wie in der Alltagssprache. Es scheint, dass Menschen in den letzten Tagen und Stunden oder früher vor dem körperlichen Ende einen geistig-seelischen Übergang in eine Welt nach dem Tod wahrnehmen. Dies hängt natürlich sehr davon ab, welche eigene Vorstellung man von Leben und Tod hat. Sie wird daher sicherlich nicht von jedem angenommen werden können.

In all diesen Fällen ist es gut, Sterbende nicht unnötig mit der sie umgebenden Wirklichkeit unserer Welt zu konfrontieren und zu korrigieren. Widerspruch und Vorwürfe nach dem Motto: „Aber Mutti, das ist doch ...“ sind nicht angebracht. Dies kann nur zu unnötiger Unruhe führen. Insofern ist es besser, verständnisvoll zu reagieren, lieber einmal mehr zuzustimmen, als einmal zu viel darauf zu verweisen, dass doch alles ganz anders ist.

Es kann sein, dass eine Reise geplant oder vorbereitet wird oder werden soll. Wörter wie „eine Fahrt machen“, „wegfahren“ oder „Segeltour“ – oder was immer der Sterbende an Wörtern genutzt hat, können solch ein Anzeichen sein, wenn es nicht um ganz konkret geplante, mit dem Sterbenden abgesprochene Reisen geht, die wirklich angetreten werden sollen. Hierzu gehört auch, dass jemand sich unbedingt anziehen muss, weil er weggehen muss, einen Termin hat und dergleichen.

Nichterkennen enger Angehöriger

Wenn enge Angehörige – die so häufig bei dem Sterbenden waren, dass sie eigentlich erkannt werden müssten – nicht mehr erkannt werden, so ist dies ein Anzeichen. Allerdings muss man dabei sorgfältig darauf achten, dass dies bei demenzkranken Menschen schon sehr früh ebenfalls auftreten und sehr weitgehend fortschreiten kann.

Es kommt immer wieder vor, dass Sterbende Verwandte, die vor ihnen gestorben sind, zu sehen scheinen und mit ihnen auch sprechen. Sterbende verbinden das mit dem Gefühl, abgeholt zu werden. Wenn sie mit dem Vornamen begrüßt werden, entsteht manchmal der Eindruck, sie verwechselten anwesende Personen mit anderen. Dies kommt sicherlich auch vor. Wenn es sich aber bei den Genannten um früher sehr nahestehende Menschen handelt, ist auch möglich, dass sie wirklich wahrgenommen werden.

Manchmal scheinen die personalen Erscheinungen nicht Menschen zu sein, sondern Wesen wie zum Beispiel Engel oder auch der Tod selbst, vor allem wenn sie in dem Glauben des Sterbenden eine wichtige Bedeutung haben. Nicht immer sind die Vorstellungen angenehm, sondern sie können sehr bedrohlich sein, sodass es sinnvoll sein kann, die Sterbenden dann fest zu umarmen.

Tore, die sich öffnen, Erscheinungen von Licht, Bilder wie aus dem Paradies können darauf deuten, dass Visionen des Jenseits wahrgenommen werden. Dies können auch Höllenerscheinungen sein, die Sterbende in großen Schrecken versetzen.

Manche Sterbenden verspüren den Wunsch aufzuräumen, Ordnung zu machen, ihre Angelegenheiten zu ordnen, ihr Leben zu regeln. Wörter, die dieses Feld betreffen, sollte man aufmerksam daraufhin überprüfen, ob sich darin nicht Anzeichen eines nahenden Todes verbergen könnten.

Der Wunsch, bestimmte Menschen sollten kommen

Manche Menschen „können“ erst sterben, wenn sie sich von bestimmten Angehörigen oder Freunden „verabschiedet“ haben. Nicht immer sind dies noch Lebende. Deshalb kann der Wunsch, jemand Bestimmtes solle kommen, ein Anzeichen sein, dass es langsam zu Ende geht. Manchmal scheinen sterbende Menschen auf die Ankunft eines bestimmten Verwandten, der von ihnen manchmal genannt, manchmal aber auch nicht genannt wird, zu warten und sterben erst dann, wenn sie da sind. Diese Zusammenhänge lassen sich nicht „beweisen“, bei der Häufigkeit, mit der dieser Eindruck berichtet wird, ist aber zu empfehlen, den Wunsch ernst zu nehmen.

Physische Anzeichen

Physische Anzeichen für einen nahenden Tod sind ebenfalls nicht eindeutig in dem Sinne, dass sie immer so und nicht anders auftreten. Wie lange es dann noch währt, bis der Tod eintritt, ist sehr unterschiedlich. Im Folgenden werden einige dieser körperlichen Anzeichen aufgezählt, um den Begleitenden eine Orientierung zu geben, aber auch um der Angst vieler Menschen vor dem Sterben zu begegnen. Es ist kein Katalog zum Nachschlagen, um Auskunft zum Todeszeitpunkt zu erhalten. Es besteht immer die Gefahr, diese Anzeichen überzubewerten. Viele dieser Anzeichen können isoliert auch bei schweren Krankheiten auftreten. Insofern ist es geboten, die Gesamtsituation immer mit in die Überlegungen einzubeziehen und bei Unsicherheiten mit ärztlicher Hilfe zu klären, ob sich der Zustand als Anzeichen des Todes interpretieren lässt.

Abnehmende Orientierung

Sterbende Menschen schlafen oftmals lange und können häufig nur noch schwer geweckt werden. Sie verlieren das Gefühl für Tag und Nacht sowie jedes Zeitgefühl überhaupt. Manchmal erkennen sie die Umgebung nicht mehr oder empfinden sie als fremd.

Ablehnung von Nahrung und Getränken

Es kommt vor, dass Menschen schon etliche Tage vor dem Tod Nahrung und Getränke verweigern. Dies ist insofern ein schwieriges Feld, da mangelnde Flüssigkeitsversorgung überhaupt ein Problem alternder Menschen ist und oftmals für Verwirrtheit oder sogar einen vorzeitigen Tod verantwortlich gemacht wird. Soweit möglich sollte man daher sanft darauf dringen, dass Getränke (Tee, Wasser) und auch Nahrung aufgenommen werden; aber man sollte keinen Druck ausüben und keine Vorwürfe machen (››› Seite 61 ff.).

Unruhe

Unruhe wird oft körperlich sichtbar durch hektische Bewegungen von Armen oder Beinen. Manchmal geschieht dies wohl aus dem Empfinden, allein zu sein oder weg zu wollen. Wichtig ist dann, dem Sterbenden das Gefühl zu geben, nicht allein zu sein, aber auch dass er sterben darf. Unruhe lässt sich unter Umständen durch Körperkontakt vermindern, manchmal ist es besser, sich selbst einfach ruhig neben den Sterbenden zu setzen und ganz regelmäßig sowie ruhig zu atmen. Oder man nutzt andere Wege, zum Beispiel Musik spielen oder etwas vorlesen...

Plötzlich hellwach da sein

Es kommt vor, dass Menschen unmittelbar vor dem Tod sich plötzlich aufrichten und ihre Umgebung und die sie umgebenden Menschen völlig klar wahrnehmen oder mit demselben Realitätsgehalt für sie das Jenseits wahrnehmen. Berichtet wird manchmal, dass sie dann Worte sagen wie „ich komme“ und dann sterben. Oft ist dieses unerklärliche Aufblühen nur sehr kurz.

Veränderter Pulsschlag und sinkender Blutdruck

Veränderter, manchmal auch unregelmäßigerer Pulsschlag können Anzeichen dafür sein, dass das Herz seine Funktion verliert. Schwerer festzustellen ist ein sinkender Blutdruck, da er im Allgemeinen nicht täglich gemessen wird. Es kann aber sein, dass eine langsam auftretende Blässe dies anzeigt.

Kältegefühle

Manchmal äußern Sterbende sich, dass ihnen sehr kalt ist bzw. es ist leicht feststellbar, indem man an Händen und Füßen fühlt, ob sich die Temperatur verändert. Unter Umständen ist es sinnvoll durch Wärmeflaschen oder zusätzliche Bekleidung für eine angenehmere Temperatur zu sorgen.

Sich verändernder Atem

Der Atem kann sich verlangsamen, manchmal zu langen Pausen führen und ganz schwach sein. Oder er beschleunigt sich auf bis zu 40 Atemzügen pro Minute, ist unregelmäßig und teilweise von heftigen Atemgeräuschen begleitet. – All dies können Zeichen dafür sein, dass die Körperfunktionen nachlassen. Schleimabsonderungen, die nicht mehr abgehustet werden können, führen ebenfalls zu Geräuschen, die für unerfahrene Begleitkräfte manchmal schwer zu ertragen sind, weil die Angst entsteht, der Sterbende könne ersticken.

Da gerade der Atem so unmittelbar lebenswichtig ist, sind für die Begleitpersonen Veränderungen immer besonders beunruhigend und ängstigend. Sind Schleimabsonderungen die Ursache, ist es vielleicht gut, den Sterbenden ein wenig aufzurichten oder höher zu lagern. Auch eine Seitenlagerung als Unterstützung zum Abhusten kann sinnvoll sein. Die Speichelproduktion lässt sich auch durch ein spezielles Medikament eingeschränken. Eine weitere Möglichkeit besteht darin, den Speichel mittels eines speziellen Katheters, der in die Nase oder den Mund eingeführt wird, abzusaugen. Für den Sterbenden und die Helfer ist dies oft eine sehr belastende Maßnahme, die zudem häufig nicht besonderes effektiv ist, da der Schleim zu tief sitzt. Der unregelmäßige Atem kann etliche Tage lang dauern, deshalb ist vor allem Panik zu vermeiden und Ruhe zu bewahren. Wenn der Eindruck entsteht, dass der Sterbende selbst daran leidet, kann es sinnvoll sein, sich mit dem Arzt in Verbindung zu setzen, um über Linderungsmaßnahmen zu beraten.

Einfache Maßnahmen wie Zufuhr von Frischluft können dem Sterbenden Erleichterung bringen. Oft wird geraten, sich dem Atem Sterbender anzupassen, auch wenn er unregelmäßig ist, dann aber zu versuchen, den eigenen Atem langsam zu beruhigen. Viele haben damit schon positive Erfahrungen gemacht: Die Verbundenheit mit den Sterbenden wächst, der unruhige Atem wird oft ruhiger, die Situation entwickelt sich friedvoller.

Ohnmachtzustände

Häufig treten Ohnmachtszustände auf, sie sind aber manchmal für Laien vom Schlaf gar nicht so richtig zu unterscheiden. Gehen sie in einen komatösen Dauerzustand über, sollte man sicherlich ärztlichen Beistand suchen. Für Sterbende ist dies nicht unbedingt ein Zustand völliger geistiger Abwesenheit, wie viele glauben. Da der Hörsinn als letzter seine Funktion verliert, kann es sein, dass der Sterbende noch etwas in der Umgebung wahrnehmen kann. Für die pflegenden Menschen ist dann wichtig, dass sie ihre Handlungen mit Worten begleiten: „Mutter/Vater, ich möchte dich jetzt etwas waschen und dein Gesicht und deine Hände erfrischen“ oder „Ich muss jetzt hier im Raum etwas lüften und aufräumen, gleich wirst du also Straßenlärm hören“. Man muss nur einmal versuchen, sich in eine ähnliche Lage zu versetzen, in der dies und das – vielleicht sogar am eigenen Körper – getan wird, ohne dass man die Möglichkeit hat herauszufinden, was da geschieht: Dann hat man wohl eine Vorstellung von den Gefühlen, die ein Sterbender in solch einer Situation haben könnte.

Unmittelbare Anzeichen für den nahenden Tod

Die im Folgenden unmittelbaren Anzeichen für den Tod müssen nicht, aber können auftreten:

- Füße, Hände von den Fingerspitzen und auch die Körperseite, auf der der Sterbende liegt, beginnen sich zu verfärben.
- Die Augen blicken offen oder halboffen in die Ferne, ohne etwas zu sehen und ohne dass die Pupillen auf Licht reagieren.
- Die Reaktionen auf die Umwelt nehmen noch mehr ab. Menschen,

die jetzt zu dem Sterbenden kommen, müssen damit rechnen, dass sie nicht erkannt werden. Das ist manchmal gerade dann schwierig, wenn jemand alles versucht hat, ihn noch bei Bewusstsein anzutreffen. Die Tatsache, dass keine Reaktion erfolgt, muss aber nicht bedeuten, dass die Ankunft nicht mehr wahrgenommen wird. Insofern kann es also durchaus sinnvoll sein, die eigene Botschaft, vielleicht eine Bitte um Vergebung oder auch eigene Vergebung auszusprechen.

- Der „Todeskampf" tritt ein. Dies geschieht zu einem Augenblick, in dem der Körper eine starke Unterversorgung mit Sauerstoff erfährt. Die Hektik kann sehr kräftig, fast wild sein. Die Atmung kann in Keuchen übergehen oder Schnappen nach Luft, da der Körper die Unterversorgung meldet und darauf reagiert. Es kann dann aufgrund des Sauerstoffmangels zu Krämpfen kommen, von denen der Sterbende aber nichts mehr wahrnimmt. Ob und wie stark sie auftreten, das ist völlig unterschiedlich: Manche Menschen entschlafen sanft, andere müssen festgehalten werden. Selbst schwerste, kraftverzehrende Krankheiten und monatelanges Leiden scheinen manchmal wie vergessen in dieser agonalen Phase. Auch für den Fall starker Muskelkrämpfe gilt: Es ist vor allem wichtig, Ruhe zu bewahren.

Todeszeichen

Leichenblässe
Keine erkennbare Atmung
Kein Puls und Herzschlag
Reaktionslose, weite Pupillen
Muskelerschlaffung
Abkühlung
Totenflecken
Totenstarre

Beim Tod selbst kann es dann als Folge krampfartiger Zustände zum Erbrechen kommen. Und nach dem Tod, wenn die Muskulatur erschlafft, entleeren sich oft Blase und Darm. All diese Vorgänge sind natürliche Folgeerscheinungen des eintretenden Sauerstoffmangels. Der Sterbende spürt davon nichts mehr. Kurz nach dem Tod zeigen sich schon die bläulichen Leichenflecken, weil das Blut im Körper absinkt. Nach etwa zwei Stunden setzt die Totenstarre ein. Der Körper erkaltet langsam, je Stunde (und Wärme der Umgebung) etwa um 1 Grad Celsius.

Unmittelbar nach dem Tod – was tun ?

Die folgenden Ausführungen beziehen sich nicht auf Patienten bzw. Sterbende auf einer Intensivstation oder in einer Situation, bei denen Wiederbelebungsversuche sinnvoll sind wie bei einem plötzlichen Herzinfarkt, nach Unfällen und dergleichen. Für die Situation, dass eine Fortführung des Lebens, eine Genesung möglich erscheint, sind in dem Fall, dass das Herz zu schlagen aufhört, die notwendigen Maßnahmen zur Wiederbelebung und Rettung einzuleiten. Und natürlich beziehen sich diese Ausführungen auch nicht auf den Tod durch Mord, denn dafür gilt selbstverständlich, dass mögliche Rettungsmaßnahmen und die Verständigung der Kriminalpolizei sofort erfolgen müssen.

Dort wo sich aus Altersgründen oder krankheitsbedingt das Leben dem Ende zuneigt und beendet ist – dafür gelten die folgenden Ratschläge. Ganz allgemein können nun unterschiedliche Phasen kommen, die kurz wie folgt eingeteilt werden können und im Nachfolgenden genauer beschrieben sind:

- Ruhe und Besinnung einkehren lassen
- Lagerung des Toten
- Information an Pflegeleitung/Arzt
- Information an weitere Angehörige
- Information an Bestattungsinstitut
- Aufbahrung des Toten (Waschen, Ankleiden und Verlegen in den Trauerraum oder Ausstattung des Raumes als Trauerraum)
- Über Totenwache beraten und entscheiden
- Bestattung veranlassen (››› Kapitel 5)

Wichtig

Bei allem, was getan wird, gilt, dass Verfügungen, die der Tote vor dem Ableben angeordnet hat, als bindend zu betrachten sind, so lange sie nicht den gesetzlichen Rahmen sprengen.

Ruhe und Besinnung einkehren lassen

Sich Zeit für sich und den Toten nehmen

Zu tun ist im Moment des eintretenden und eingetretenen Todes am besten erst einmal gar nichts – gar nichts außer da zu sitzen, zu stehen und/oder an den Gestorbenen zu denken. Nehmen Sie sich dafür so viel Zeit, wie es für Sie passend scheint: fünf Minuten, eine viertel Stunde, eine Stunde, eine Nacht. Man kann dabei beten, dem Toten in Gedanken oder auch Worten danken, man kann die letzte, oft sehr belastende und manchmal auch schmerzvolle Zeit noch einmal an sich vorüber ziehen lassen, man kann Gott danken für die Begegnung und das Leben mit diesem Menschen – aber dies hat auch alles Zeit und kann später geschehen. Sich Zeit zu lassen, sich diese Zeit zu nehmen, ist ein Geschenk für denjenigen, der es gibt. Selbst zur Ruhe zu kommen, auch dem Gestorbenen die Zeit zu schenken – das genügt.

Manchmal wird empfohlen, das Fenster zu öffnen; dies ist weniger dadurch motiviert, dass von Sterbenden und Toten oft ein spezieller Geruch ausgeht. Das Fenster zu öffnen ist in manchen Gegenden üblich, „damit die Seele ihren Weg in ihre neue Welt findet". Ähnlich ist auch das Verhängen von Spiegeln rational durch die Vorstellung zu erklären, „dass die Seelen sich darin verirren könnten". Ob man solchen Gewohnheiten Rechnung trägt, sollte jeder selbst wissen. Wichtig erscheint nur, dass nun Ruhe eintritt.

Totenstarre

Die Totenstarre beginnt etwa zwei Stunden nach Eintritt des Todes und ist nach sechs bis acht Stunden vollständig ausgeprägt. Sie fängt an den Kiefergelenken an und breitet sich von dort absteigend bis zu den Beinen aus. Nach zwei bis drei Tagen löst sich die Totenstarre wieder.

Wenn Sie vorhaben, solch eine Ruhephase über längere Zeit auszudehnen, sollten Sie wissen, dass der menschliche Körper in den ersten Stunden nach dem Tod noch beweglich ist und dass dann die Totenstarre einsetzt. Damit sind körperlichen Veränderungen natürlich Grenzen gesetzt, sodass es sinnvoll sein kann, die Ruhephase nach einigen Minuten zu unterbrechen und die Lagerung des Toten, einzuschieben (››› Seite 95 f.).

Nichts zu tun, ist dabei nicht so einfach, wie es sich vielleicht hier anhört. Viele Menschen haben selbst eine solch wahnsinnige Furcht vor dem Tod, dass sie es nicht aushalten, mit einem Toten in einem Raum zu sein. Wenn dies so ist, muss man den Raum natürlich verlassen (dürfen). Man muss es akzeptieren, auch wenn es sinnvoll erscheint, zu einem geeigneten Zeitpunkt später darüber nachzudenken und vielleicht diese Angst zu bearbeiten. In dem Moment, in dem sie erlebt wird, lässt sich daran nichts ändern.

Beim Tod im Krankenhaus oder im Pflegeheim ist es unter Umständen sinnvoll, schon vorher zu klären und sicherzustellen, dass man eine gewisse Zeit der Ruhe mit dem Toten verbringen möchte. Dabei gibt es möglicherweise manche organisatorischen Hindernisse und Grenzen zu überwinden. In vielen Krankenhäusern und Pflegeheimen will man die Toten immer noch schnell „entsorgen". Aber auch dort gibt es inzwischen schon erfreulich viele Ausnahmen, sodass eine Phase der ruhigen Besinnung ermöglicht wird. Hospize und manch fortschrittliche Pflegeheime haben inzwischen Trauerräume eingerichtet, in denen die Toten aufgebahrt werden können. Dies kommt aber möglichst erst zu einem späteren Zeitpunkt zur Wirkung.

Angemessene Zeit auch in Klinik und Heim einfordern

Zur rechtlichen Situation: Niemand ist verpflichtet, den Arzt oder wen auch immer sofort zu informieren oder gar Verstorbene sofort außer Haus bringen zu lassen. Dies gilt natürlich nicht für Unglücksfälle oder Verbrechen. Ansonsten kann die Information an den Arzt nach einer angemessenen Frist erfolgen, zum Beispiel beim Tod in der Nacht auch noch am nächsten Morgen.

Lagerung des Toten

Es ist gut, den Verstorbenen flach auf den Rücken zu legen, behutsam seine Augen zu schließen und – auch dies so weit notwendig und möglich – Zahnprothesen vorsichtig in den Mund einzusetzen. Damit der Mund später geschlossen bleibt, kann man ein kleines eingerolltes Handtuch unter das Kinn schieben.

Tote mit Respekt und Achtung behandeln (lassen)

Tote sollten mit Respekt und Achtung behandelt werden. Wer selbst Angst hat, den toten Körper zu berühren, sollte keine Scheu haben, jemanden um Hilfe zu rufen. Es ist deshalb natürlich in Pflegeheimen oder Krankenhäusern durchaus möglich, erst die Pflegeleitung zu informieren, sie vielleicht auch um diesen Dienst zu bitten. Vor dem angeblichen Leichengift braucht aber niemand Angst zu haben, weil es dies nicht gibt. Es entstehen zwar einige Stunden nach dem Ableben basische Stoffe im Körper. Aber der Kontakt mit ihnen ist ungefährlich. Soweit Sterbende einer ansteckenden Krankheit erliegen, sollte unbedingt ärztlicher Rat eingeholt werden, um eine Ansteckung weiterer Personen zu verhindern.

Islamische Sterbende und Tote sollten mit dem Gesicht in Richtung Mekka gebettet sein. In Deutschland ist dies eine südöstliche Richtung – dies nur als Hinweis für den Fall, dass keine Muslime anwesend sind.

Wer informiert werden sollte

Der Arzt muss den Totenschein ausstellen

Nach der (dem eigenen Ermessen befriedigenden) Ruhephase und der Lagerung des Verstorbenen, sollten Sie den Arzt oder die Pflegeleitung verständigen. Denn Sie müssen nun für die Ausstellung des Totenscheins sorgen und Ihre organisatorischen Aufgaben übernehmen (››› auch Seite 104 f.). Und es ist zu klären, wie mit dem Toten weiter umzugehen ist. Niemand sollte davor zurückscheuen, eine angemessene und würdige Aufbahrung zu fordern (und dabei auch hartnäckig zu bleiben, wenn dies erforderlich ist).

Angehörige und Freunde benachrichtigen

Auch die Information weiterer Angehöriger sollte zügig erfolgen. Vielleicht ist vorher schon eine Telefonkette verabredet worden, sodass nur zwei Personen angerufen werden müssen, die dann wiederum zwei weitere informieren usw. Es bietet sich an, die Last der nun notwendigen organisatorischen Vorbereitungen und Maßnahmen nicht allein auf den Schultern derjenigen zu lassen, die die Begleitung gerade zum Todeszeitpunkt oder überhaupt in der letzten Zeit wahrgenommen haben.

Die Benachrichtigung des Bestattungsinstituts kann unter Umständen noch warten, wenn eine Aufbahrung zuhause bzw. im Hospiz, Alten- /Pflegeheim oder Krankenhaus erfolgen kann und soll. Man sollte sich nicht drängen lassen. Der Zeitpunkt der Information hängt aber davon ab, welche Aufgaben von dem jeweiligen Institut übernommen werden sollen (››› Seite 121).

Aufbahrung und Totenwache

Die Aufbahrung besteht darin, den Toten zu waschen, anzukleiden und in den Trauerraum zu verlegen. Wer dabei noch nicht zugegen war, sollte dafür anleitende Hilfe in Anspruch nehmen.

Wer Hilfe benötigt, sollte sich nicht scheuen, darum zu bitten

Der Trauerraum sollte würdevoll ausgestattet sein. Medikamente, Pflegehilfsmittel und Ähnliches sollten entfernt oder wenigstens mit Tüchern verdeckt werden. Blumenschmuck und Kerzen, manchmal auch Bilder aus dem Leben oder dem Umfeld des Verstorbenen können einen Raum schnell verändern und eine friedvolle Atmosphäre schaffen. Warum sollte man den Raum nicht so schön ausgestalten, wie der Verstorbene ihn zu Lebzeiten gerne gehabt hätte?

Nur sehr wenige Menschen wollen dies alles selbst machen. Vielen Menschen ist es unheimlich mit einem Verstorbenen allein im Zimmer zu sein, andere haben Angst, den toten Körper zu berühren – man sollte dann andere, zum Beispiel erfahrene Angehörige oder enge Freunde, um diesen Dienst bitten. In ländlichen Regionen übernehmen dies manchmal noch Frauen aus der Nachbarschaft. Auch Bestatter bieten das an, es muss natürlich extra bezahlt werden. Manch einem ist es allerdings unangenehm, einen Fremden damit zu betrauen, verbunden mit der Angst, dass der Verstorbene nicht respektvoll behandelt wird.

Beispiel

Frau M., deren Mutter in ihrem Beisein im Pflegeheim gestorben war, bestand darauf, ihre Mutter alleine zu waschen und anzukleiden. Sie wollte ausdrücklich mit ihr allein sein und lehnte die angebotene Hilfe ab. Für die Angestellten des Pflegeheims war dies sehr ungewöhnlich, aber sie respektierten den Wunsch natürlich und brachten nur die notwendigen Utensilien in den Raum. Für Frau M. war es, wie sie sagte, ein letzter kleiner Dienst; für sie selbst sei er wichtig, auch um zu verstehen, dass ihre Mutter nun tot sei.

Wer die eigenen Bedürfnisse zu solch einem Zeitpunkt so gut kennt und ausdrücken kann, ist sicherlich in einer glücklichen Lage. Achten Sie auf Ihre Bedürfnisse – welcher Art auch immer – und äußern sich dazu. Und wenn immer möglich und sinnvoll, sollten Sie sie auch durchzusetzen.

Im Islam werden nach dem Tod bestimmte, festgelegte Rituale vollzogen, dazu gehört, dass der gesamte Körper gewaschen wird und zwar unter fließendem Wasser, denn sonst gilt dies nicht als Reinigung. Die Waschung nehmen üblicherweise die Angehörigen vor, sie kann aber auch durch Freunde, möglichst Freunde islamischen Glaubens erfolgen oder durch Mitglieder der islamischen Gemeinde.

Totenhemd – ja oder nein?

Sich vom Wunsch des Verstorbenen oder den eigenen Bedürfnissen leiten lassen

Eine häufig auftretende Frage betrifft die Bekleidung der Toten auf dem Totenbett. Wenn nicht der Verstorbene selbst einen Wunsch geäußert hat – übrigens besteht sehr häufig der Wunsch, in einem schönen Kleid, mit einem schönen Anzug gekleidet aufgebahrt zu werden – dann sollten Sie dem eigenen Gefühl folgen. Sie können beispielsweise ein Kleidungsstück wählen, das der Verstorbene gern getragen hat oder das besonders gut zu ihm passt. Dies kann bei einem Sportler auch der geliebte Sportanzug sein – entscheidend ist, dass die Würde des Verstorbenen nicht verletzt wird. Die Kleidung soll aus natürlichem Material wie Wolle, Baumwolle oder Seide bestehen. Nicht verwendet werden sollten Kunststoffe, da diese Materialien nicht verwesen und die Umwelt belasten. Ansonsten ist die Bekleidungsfrage nicht so wichtig. Auch wenn der Rat von Bestattern häufig dahin geht, ein Totenhemd zu wählen, sollten Sie lieber überlegen, was dem Verstorbenen lieber gewesen wäre und sich dafür entscheiden.

Schöne Leichen

In Deutschland ist es nicht wie in den USA üblich, Tote kosmetisch so aufzubereiten, dass sie wie lebend aussehen. Es geht dabei nicht nur darum, das Gesicht zu schminken, sondern es werden unter Umständen auch chirurgisch zu nennende Eingriffe vorgenommen, um das Aussehen vor allem des Gesichtes zu „verbessern." Bei uns wird dies von vielen Menschen für unnatürlich gehalten. Inzwischen wird auch bei uns die Thanthologie – die moderne Form der Einbalsamierung – ebenso wie die Abnahme einer Totenmaske häufiger genutzt als früher. Dort wo Tote aufgebahrt werden, legen die Angehörigen oft Wert auf ein gepflegtes natürliches Erscheinungsbild. Dass solche Eingriffe in das Äußere der Verstorbenen auch die Interpretation zulassen, man wolle den Tod nicht wahrhaben, ist sicherlich nicht von der Hand zu weisen. Aber manchen Angehörigen ist es wichtiger, den Verstorbenen so im Gedächtnis zu behalten, wie sie ihn gekannt haben. Beide Entscheidungen sind also durchaus mit guten Gründen zu rechtfertigen und sollten daher in der Form respektiert werden, wie sie von den engsten Angehörigen getroffen wird. Vor allem sollten aber die Wünsche des Verstorbenen beachtet werden.

Über Totenwache beraten und entscheiden

Die Aufbahrung zuhause ist zeitlich befristet

Früher war es insbesondere in kleinen Dörfern normal, dass die Nachbarn mit den Angehörigen die Totenwache übernahmen. Heute ist dies weniger üblich. Es ist gestattet, Tote bis zu drei Tage zuhause aufzubahren; bis zu 36 Stunden ist dies völlig unproblematisch, dann braucht man meistens eine Sondergenehmigung, über die die Bestattungsinstitute informiert sind.

Für eine Totenwache durch die Angehörigen oder auch Freunde spricht, dass dies eine sehr gute Form ist, sich von einem Verstorbenen zu verabschieden. Da wird am Totenbett über den Toten geplaudert, man tauscht Erinnerungen aus, manchmal trifft man auf eine gewisse Leichtigkeit, die der Trauer, der Würde des Todes keineswegs Abbruch tut.

Eine Totenwache kann aber auch eine Last sein, die nach einem schweren Krankheitsverlauf, nach beschwerlicher Pflegezeit die psychischen und/oder physischen Kräfte derjenigen Menschen, die sich um den Sterbenden gekümmert haben, übersteigen. Und vielleicht lässt auch die eigene Angst keine Totenwache zu. Zudem muss man sogar damit rechnen, dass die Umgebung auf eine Aufbahrung zuhause nicht positiv reagiert. Wichtig für Sie als Angehörige ist: Denken Sie an die eigenen Kräfte und Möglichkeiten und sind Sie sich selbst gegenüber verantwortungsbewusst.

Umgang mit dem plötzlichen Tod

Nicht immer ist es möglich, einen Angehörigen oder Freund beim Sterben zu begleiten. Gar nicht so selten sterben Menschen eines plötzlichen Todes. Darauf sind wir noch weit weniger vorbereitet als auf den Tod überhaupt. Wen die Todesnachricht so plötzlich ereilt, ist psychisch außerordentlich belastet. Hinzu kommt, dass man sich nicht verabschieden konnte, dass man dem Anderen nicht mehr sagen konnte, wie sehr man ihn liebte und schätzte – solche Dinge gehen oft im Alltag unter. Man konnte nicht mehr verzeihen und um Verzeihung bitten. Man konnte so viele Dinge, die zu sagen wichtig gewesen wären, nicht mehr sagen. Und sind es Kinder, die plötzlich den Tod erleiden, werden die Eltern oft so tief getroffen, dass sie völlig zu erstarren scheinen.

Eine Todesnachricht überbringen

Sicherlich, in vielen Fällen kann man darauf keinen Einfluss nehmen, weil dies zum Beispiel von der Polizei übernommen wird. Und natürlich kann man keine „Rezepte" für das Überbringen einer Todesnachricht geben, denn die Umstände des Todes, die Qualität der Beziehung der Personen zueinander und anderes sind zu berücksichtigen. Allerdings gibt es ein paar Aspekte, an die man als Überbringer einer Todesnachricht denken sollte.

- **Vor der Todesnachricht dafür sorgen, dass man selbst oder jemand anderes hinterher bei denjenigen bleiben kann, denen die Botschaft überbracht wird.** Dies muss natürlich jemand sein, der in dieser Situation akzeptiert wird, dem die Hinterbliebenen vertrauen, vor dem sie sich ihrer Tränen, ihres Schocks nicht schämen. Ob dies Angehörige leisten können, ob dies der beste Freund, die beste Freundin ist – das ist gleichgültig. Hauptsache, die- oder derjenige hat Zeit und wird vermutlich akzeptiert. Vor der Nachricht dafür sorgen, dass derjenige, dem die Botschaft überbracht wird, sich schnell hinsetzen kann. Vorab sollte überlegt werden, ob diejenigen, denen die Botschaft zu überbringen ist, unter gefährlichen Krankheiten leiden und ob ein Schock gegebenenfalls schnelle ärztliche Hilfe nötig machen könnte. Und: Vor der Nachricht dafür sorgen, dass man selbst dazu psychisch in der Lage ist, die Nachricht zu überbringen. Sich in Ruhe sammeln und konzentrieren.

- **Die Todesnachricht immer persönlich überbringen, nie telefonisch.** Die Nachricht selbst mit ruhiger Stimme und wenigen kurzen Worten behutsam vortragen, sodass die Betroffenen erahnen können, dass es eine schlimme Botschaft auf sie zukommt, zum Beispiel: „Ich komme heute nicht gerne, denn ich muss euch etwas Schlimmes sagen, …“, wobei jeder sich seine eigene Formulierung, die zu ihm und zu den Umständen passt, selbst suchen muss. Dabei ist nur die Todesbotschaft zu überbringen, unter Umständen noch, wann und wie derjenige verstorben ist. Denn gerade beim plötzlichen Tod vermögen die Angehörigen die Nachricht oft gar nicht zu erfassen. Alles andere kann warten, bis die Betroffenen nachfragen, vor allem keine unnötigen Ratschläge geben wie „Du musst jetzt ganz stark sein“. Als Überbringer einer Todesnachricht darf man seine Gefühle zeigen, sollte sich aber möglichst nicht von ihnen überwältigen lassen. Und man sollte sich bei der Nachricht Zeit lassen. Die Reaktionen Angehöriger sind sehr unterschiedlich und lassen keinen Rückschluss auf ihre wahre Traurigkeit und ihren wahren Gefühlszustand zu: Viele Menschen brechen in Tränen aus, wenn sie die Botschaft verstanden haben. Andere versinken in Schweigen und starren nur gerade aus. Wieder andere reagieren so unberührt und normal, dass man denken könnte, sie hätten die Nachricht gar nicht gehört und fallen deshalb zum Beispiel in ihre formale Rolle als Gastgeber und fragen: „Möchtest du eine Tasse Kaffee trinken?“ Man sollte sich nicht täuschen: Die Nachricht ist ein Schock; und die Reaktionen auf einen Schock kommen oft später.

- **Nach der Nachricht dableiben, Hilfe anbieten oder gegebenenfalls für Hilfe sorgen.** Anbieten, gemeinsam dorthin zu fahren, wo sich der Tote befindet. Denjenigen, dem die Todesbotschaft gebracht wurde, auf keinen Fall alleine lassen, sondern wenn es irgend geht auch die Nacht über dafür sorgen, dass jemand da ist. Und sich nicht nur um die Erwachsenen kümmern, sondern vorhandene Kinder mit einbeziehen – sie werden oft vergessen.

Den wenigsten Menschen ist nach dem Verlust eines Angehörigen danach zumute: Dennoch muss vieles erledigt werden, teilweise sogar sehr rasch. Und auf etliche Aufgaben ist man im Normalfall nicht vorbereitet. Zur Trauer kommt meist noch Hilflosigkeit. Hilfreich kann es da sein, wenn Sie sich vorab schon mit dem einen oder anderen beschäftigt haben, was nun zu tun ist, und auch die finanziellen Möglichkeiten überblicken.

Rund um die Bestattung

Totenschein ausstellen lassen

Arzt oder Pflegedienst informieren

Bevor überhaupt etwas in die Wege geleitet werden kann oder muss, sollten Sie einen Arzt kommen lassen, der den Toten untersucht, den Tod feststellt und den Totenschein ausstellt. Stirbt jemand zuhause, ist der nächste erreichbare Arzt zu informieren, am besten der Hausarzt. Falls Sie ihn nicht erreichen, kommt eventuell auch der ärztliche Notdienst in Betracht, dessen Telefonnummer zumeist in der Tageszeitung veröffentlicht ist. Sie können mit dem Arzt ausmachen, dass Sie vor seinem Kommen einige Stunden des persönlichen Abschieds mit dem Verstorbenen verbringen möchten.

Besteht Verdacht auf Unfall oder Selbsttötung, vermerkt der Arzt dies auf dem Totenschein und verständigt die Kriminalpolizei bzw. die Gerichtsmedizin. Die Leiche wird dann womöglich obduziert. Angehörige müssen eine solche Obduktion akzeptieren. Der Verstorbene wird erst zur Bestattung freigegeben, wenn die Todesursache feststeht bzw. alle nötigen Untersuchungen zur Beweissicherung beendet sind. Das kann insbesondere bei Tötungsdelikten einige Wochen oder gar Monate dauern. Erst danach erhalten die Angehörigen den Totenschein.

Bei einem Todesfall im Krankenhaus, Heim oder in einer ähnlichen Einrichtung sowie bei Unfalltod sorgen die dort Verantwortlichen dafür, dass ein Totenschein ausgestellt wird. Die Angehörigen müssen sich nicht darum kümmern.

Der Totenschein ist Voraussetzung, um eine Sterbeurkunde zu bekommen, die Sie wiederum für viele Formalitäten brauchen. Der Totenschein ist kostenpflichtig und von den Erben zu bezahlen. Die Höhe richtet sich nach der Gebührenordnung der Ärzte (GOÄ). Meist kostet er zwischen 50 und 100 Euro.

Sterbeurkunde beantragen

Die Sterbeurkunde enthält Angaben darüber, wann und wo ein Mensch gestorben ist, und gibt Auskunft über den Familienstand. Sie kann nur vom Ehegatten, von den Eltern, Großeltern, Kindern oder Enkelkindern des Verstorbenen beantragt werden. Gibt es keine Angehörigen mehr und der Tod ereilte den Verstorbenen zuhause, wird in aller Regel ein Nachbar Polizei, Feuerwehr oder das Ordnungsamt informieren, die dann einen Arzt einschalten und die Ausstellung einer Sterbeurkunde veranlassen. Wenn Sie oder der Bestatter die Sterbeurkunde beantragen, müssen neben dem Totenschein noch eine Reihe anderer Dokumente vorgelegt werden.

Für die Sterbeurkunde benötigen Sie

- ☐ bei Ledigen:
  Geburtsurkunde und Personalausweis des Verstorbenen.
- ☐ bei Verheirateten:
  Heiratsurkunde und Personalausweis des Verstorbenen.
- ☐ bei Geschiedenen:
  Heiratsurkunde, Personalausweis des Verstorbenen und Scheidungsurteil
- ☐ bei Verwitweten:
  Heiratsurkunde, Personalausweis des Verstorbenen und Sterbeurkunde oder Todeserklärung für den schon verstorbenen Gatten.

Den Antrag nimmt das Standesamt des Ortes entgegen, in dem sich der Todesfall ereignet hat. Am besten erkundigen Sie sich nach der Öffnungszeit und gehen unbedingt am nächsten Werktag dorthin (günstig: am frühen Vormittag). Sie erhalten automatisch vier Sterbeurkunden für das Einwohnermeldeamt, das Friedhofsamt, die Krankenkasse und den Rentenversicherungsträger. Da die Sterbeurkunde auch für andere Formalitäten unbedingt gebraucht wird, sollten Sie weitere Ausfertigungen verlangen; sinnvoll sind mindestens zehn Exemplare. Dabei entstehen wiederum Kosten: für die erste Urkunde 7 Euro, für alle weiteren 3,50 Euro, macht bei zehn Urkunden knapp 40 Euro.

Wichtig

Totenschein und Sterbeurkunde sind zwingende Voraussetzungen für die Bestattung. Daher sollten sie so schnell wie möglich besorgt werden.

Was bei Obduktion / Organentnahme geduldet werden muss

Bei unnatürlichem Tod kann der Richter oder die Staatsanwaltschaft eine Obduktion durch die Rechtsmedizin anordnen. In diesen Fällen müssen Angehörige die Prozedur dulden. Auch bei natürlichen Todesursachen sind Ärzte und pathologische Abteilungen von Krankenhäusern oft an einer inneren Leichenschau interessiert, um die genaue Todesursache zu ermitteln oder wissenschaftliche Studien zu betreiben. Dabei werden keine Organe entfernt, das äußere Erscheinungsbild des Körpers und des Gesichts wird nicht beeinträchtigt.

Wann der Obduktion widersprochen werden kann

In Krankenhausaufnahmeverträgen steht häufig eine Klausel, die dem Arzt das Recht zur Obduktion einräumt. Ausnahme: Der Patient widerspricht. Auch nach einem Todesfall können der Ehepartner, volljährige Kinder, Eltern und Geschwister einer Obduktion widersprechen – aber nur bis 22 Uhr am Todestag. Hat der Verstorbene seine Einwilligung zu einer medizinischen Obduktion beim Todesfall im Krankenhaus gegeben, so können sich die Angehörigen nicht dagegen wehren. Sie sollten mit dem Arzt unverzüglich klären, ob es durch die Obduktion zu einer zeitlichen Verzögerung der Bestattung kommt.

Wenn keine Organspendenverfügung vorliegt

Wenn der Verstorbene einer Organspende (››› Seite 35 f.) zugestimmt hat, wird nach den gesetzlichen Vorgaben verfahren. Es sind jedoch auch Fälle denkbar, in denen ein Mensch stirbt, dessen Organe sich zur Organspende eignen würden, ohne dass er ausdrücklich darin eingewilligt hat. Dann müssen die nächsten Angehörigen, zum Beispiel Ehegatten und volljährige Kinder, ausdrücklich zustimmen.

Die Ärzte haben die Angehörigen, nachdem sie den Gesamthirntod des Menschen festgestellt haben, darüber zu informieren, dass sich seine Organe zur Spende eignen würden. Die Angehörigen werden danach befragt, ob ihnen die Einstellung des Verstorbenen in Bezug auf eine Organentnahme bekannt ist. War sie positiv, können sie einer Organentnahme zustimmen (§ 4 Abs. 1 TPG).

Wer im Todesfall zu benachrichtigen ist

Umgehend sollten Sie auch nahe Verwandte und Freunde des Verstorbenen verständigen, damit sie Abschied von dem Toten nehmen können. Sehr entlastend kann es sein, Hilfe von weiter entfernt stehenden Verwandten, Freunden, Nachbarn und anderen anzunehmen oder gegebenenfalls auch darum zu bitten. Da dieser Personenkreis seelisch nicht ganz so belastet ist wie Sie selbst, kann er womöglich besser die notwendigen organisatorischen Dinge erledigen. Beispiele: bei der Auswahl des Bestattungsunternehmens auch auf dessen Preise achten, mit der Friedhofsverwaltung über die Wahl und Kosten einer Grabstelle verhandeln oder die Einzelheiten der Trauerfeier organisieren. Oder Sie könnten Hilfe erhalten, indem eine Person aus diesem Kreis die wichtigsten Unterlagen für Behördengänge zusammenstellt, Schriftwechsel erledigt oder Sie beim Abfassen und Verschicken von Trauerbriefen unterstützt.

Lassen Sie sich von anderen helfen

Checkliste

Wichtige Unterlagen für Hinterbliebene

- ☐ Personalausweis des Verstorbenen
- ☐ Todesbescheinigung (im Amtsdeutsch auch Leichenschauschein genannt) vom Arzt
- ☐ Geburtsurkunde (bei Ledigen)
- ☐ Stammbuch oder Heiratsurkunde (bei Verheirateten)
- ☐ Scheidungsurteil und Heiratsurkunde oder Stammbuch (bei Geschiedenen)
- ☐ Stammbuch mit Sterbeeintrag des Ehepartners oder Heiratsurkunde und Sterbeurkunde des Ehepartners (bei Verwitweten)
- ☐ Chipkarte der Krankenversicherung
- ☐ Private Versicherungsunterlagen
- ☐ Rentenversicherungsunterlagen
- ☐ Bestattungsvorsorgevertrag (falls vorhanden)
- ☐ Dauergrabpflegevertrag (falls vorhanden)

Checkliste

Wichtige Erledigungen im Todesfall

- [ ] Bestattungsunternehmen auswählen (Vorsorgevertrag berücksichtigen; gegebenenfalls mehrere Angebote einholen, Beauftragung mit genauem Leistungsumfang)
- [ ] Krankenkasse informieren – innerhalb von vier Wochen nach dem Tod (Es gibt seit 2004 zwar kein Sterbegeld mehr, doch die Beitragszahlung wird dann umgehend gestoppt; zudem endet unter Umständen kostenloser Versicherungsschutz des Ehegatten im Rahmen der Familienversicherung.)
- [ ] Lebensversicherer schriftlich informieren
- [ ] Sterbegeldversicherung schriftlich informieren
- [ ] Unfallversicherung schriftlich informieren
- [ ] Gewerkschaft informieren (eventuell Sterbegeld für Mitglieder)
- [ ] Rentenversicherungsträger schriftlich informieren
- [ ] Gegebenenfalls bei Bank/Sparkasse Verfügung über das Konto klären
- [ ] Erbschein beantragen
- [ ] Arbeitgeber des Verstorbenen informieren
- [ ] Eigenen Arbeitgeber informieren (wegen Sonderurlaub)
- [ ] Bestattung organisieren
- [ ] Gegebenenfalls leer stehende Wohnung versorgen

Bestattungspflichtige Angehörige

Hat sich der Verstorbene zu Lebzeiten nicht ausdrücklich für eine bestimmte Form der Beisetzung entschieden, kann es vorkommen, dass die Hinterbliebenen unterschiedliche Vorstellungen davon haben, wie die Bestattung erfolgen soll. Wenn der Verstorbene auch niemanden benannt hat, der sich um die Beisetzung kümmern soll, müssen die nächsten Angehörigen als Bestattungspflichtige diese Entscheidung treffen. So legt beispielsweise das Bestattungsgesetz des Landes Thüringen in § 18 folgende Reihenfolge fest: Ehegatte,

Partner einer eingetragenen Lebenspartnerschaft, Kinder, Eltern, Geschwister, Enkelkinder, Großeltern, Partner einer auf Dauer angelegten nichtehelichen Lebensgemeinschaft. Können sich etwa Geschwister nicht einigen, ist der Tote „ortsüblich" zu bestatten.

Aber es gibt Ausnahmen von der Pflicht, wie im Falle einer Witwe, die vom Ehemann brutal misshandelt worden war und nicht für dessen Beerdigung zahlen wollte. Die Stadt Koblenz verlangte von der Ehefrau die Übernahme der Bestattungskosten von rund 2.560 Euro. Dagegen hatte die Frau vor dem Verwaltungsgericht Koblenz Klage erhoben und Recht bekommen (Az. 5 K 3706/03.KO): Es sei unbillig, wenn die Frau, die als Gewaltopfer nur knapp dem Tod entronnen sei, dem Täter eine würdige Bestattung bereiten müsse.

Übersicht über Bestattungskosten wahren

Falls der Verstorbene nicht mit Ihnen über die Beerdigungskosten gesprochen hat (und ob er Vorsorge getroffen hat), sollten Sie relativ rasch prüfen, ob eine Sterbegeldversicherung oder ein Bestattungskosten-Vorsorgevertrag abgeschlossen wurde (››› Seite 40 f.). Dann dürfte ausreichend Geld angespart worden sein, von dem der seinerzeit ausgewählte und im Vertrag genannte Bestatter alles Weitere veranlasst. Sie sollten sich erkundigen, welche Dienstleistungen im Einzelnen vereinbart wurden (steht auch im Vertrag).

Überprüfen, ob der Verstorbene finanzielle Vorsorge für die Bestattung getroffen hat

Besteht kein Vorsorgevertrag, sollten Sie zwei bis drei Angebote verschiedener Bestattungsunternehmen für die gewünschten Leistungen einholen. Was im Einzelnen angeboten wird und was davon für Sie in Frage kommen könnte, finden Sie auf den Seiten 119ff.. Insgesamt ist damit aber erst rund die Hälfte der Beerdigungskosten abgedeckt, denn Friedhofskosten, Grabmal und -pflege gehen extra ins Geld (››› Seite 128 ff.).

Wenn keine finanziellen Rücklagen bestehen, liegt es im Interesse der Angehörigen, den Arbeitgeber, den Rentenversicherungsträger, Privatversicherer und Gewerkschaft umgehend über den Todesfall zu informieren. Da eine Beerdigung mindestens 3.000 Euro, häufig aber das Doppelte kostet, brauchen die Hinterbliebenen schnell vereinbarte Todesfall-Leistungen, um die Rechnungen bezahlen zu können.

Sterbegeld – so viel kommt häufig zusammen

Ansprechpartner	Betrag (Euro)
Lebensversicherer	volle Versicherungssumme (häufig 20.000 Euro)
Privater Unfallversicherer	bei Unfall volle Todesfallsumme (häufig 10.000 Euro)
Privater Sterbegeldversicherer	volle Versicherungssumme (häufig 2.500 Euro)
Gewerkschaft	mitunter 300 Euro, oft gar nichts
Arbeitgeber	siehe Tarifvertrag
Rentenversicherungsträger	drei volle Monatsrenten des Verstorbenen

Das Sterbegeld der gesetzlichen Krankenkassen, das bis Ende 2003 an die Hinterbliebenen von Mitgliedern gezahlt wurde, ist seit 2004 ersatzlos gestrichen worden.

Unter Umständen steht Ihnen Witwen-/Witwerrente zu. Sie wird für die auf den Todesmonat folgenden drei Kalendermonate in Höhe der Rente gezahlt, die dem Verstorbenen zugestanden hätte. Diese erhöhte Witwenrente kann ebenfalls zur Deckung der Bestattungskosten verwendet werden. Im Sterbevierteljahr wird auch kein eigenes Einkommen der Witwe bzw. des Witwers auf die Hinterbliebenenrente angerechnet. War der verstorbene Ehegatte bereits Rentenbezieher, kann die Witwe oder der Witwer innerhalb von 30 Tagen nach dem Tode beim zuständigen Rentenservice der Deutschen Post AG einen Vorschuss auf das Sterbevierteljahr beantragen (ein Vordruck hierfür ist beim Postamt erhältlich). Weiteres hierzu ››› Seite 153 ff.

Es ist zudem möglich, dass im Arbeitsvertrag eine Sterbegeldzahlung durch den Arbeitgeber vereinbart wurde. Der Arbeitsvertrag des Verstorbenen sollte auf diesen Punkt hin untersucht werden; eventuell hilft auch die telefonische Nachfrage beim letzten Arbeitgeber. Weiteres ››› Seite 150 ff.

Sozialbestattung

Lediglich in Härtefällen greift der Staat den Angehörigen unter die Arme. Reichen die Mittel des Verstorbenen und die der Bestattungspflichtigen für ein einfaches, aber würdiges Begräbnis nicht aus, springt das Sozialamt ein. Allerdings formuliert das Bundessozialhilfegesetz in § 15 recht schwammig: „Die erforderlichen Kosten einer Bestattung sind zu übernehmen, soweit dem hierzu Verpflichteten nicht zugemutet werden kann, die Kosten zu tragen.“ Daraus ergibt sich ein breiter Ermessensspielraum. Erforderlich sind nach einem Urteil des Verwaltungsgerichts Stade aus dem Jahr 2001:

- Kapellenbenutzung
- Grabaushebung
- Sargträger
- Orgelspiel
- Überführungskosten
- Verwaltungspauschale
- Aufbewahrung der Leiche
- Sarg inklusive Deckengarnitur
- Vorbereitung der Leiche

Rund 1.200 Euro sind dafür aufzuwenden. Auch die Übernahme von Kosten für einen Grabredner hat das Gericht bejaht. Dazu kommen Kosten für die Grabnutzung. Dieser Betrag ist ein Richtwert, da die Preise regional stark variieren. Wenn Sie die Hilfe des Sozialamtes in Anspruch nehmen wollen, informieren Sie das Sozialamt, bevor Sie einen Bestatter beauftragen. Auch den Bestatter müssen Sie darauf hinweisen, dass es sich um eine Sozialbstattung handelt.

Wenn ein Angehöriger durch einen Arbeits- oder Wegeunfall bzw. eine anerkannte Berufskrankheit gestorben ist, stehen dessen Hinterbliebenen 4.140 Euro Sterbegeld zu (im Osten: 3.480 Euro), Stand 2005. Dies gilt unabhängig von der Höhe des Einkommens. Einbezogen in den Schutz sind auch Studenten während der Anwesenheit in der Hochschule oder auf dem Weg dorthin und zurück, Schüler in der Schule und Kinder in Kindertagesstätten. Gezahlt wird das Sterbegeld von den Berufsgenossenschaften, Gemeinde-Unfallversicherungsverbänden bzw. Landesunfallkassen.

Lebens- und Unfallversicherung umgehend informieren

Wenn der Verstorbene eine private Unfallversicherung abgeschlossen hatte und durch einen Unfall ums Leben gekommen ist, so muss dies innerhalb von 48 Stunden dem Versicherer gemeldet werden. Dies kann formlos per Brief oder Fax geschehen. Gezahlt wird die volle Versicherungssumme. Das Geld wird auch dann ausgezahlt, wenn ein Arbeits-, Studenten-, Schüler- oder Kindergarten-Unfall die Todesursache war und deshalb auch die gesetzliche Unfallversicherung ein Sterbegeld zahlt. Weiteres ››› Seite 160 f.

Ablieferungspflicht für Testamente

Möglichst rasch sollten Angehörige klären, ob ein Testament existiert. Häufig liegt es bei den persönlichen Papieren, mitunter auch beim Notar oder beim Amtsgericht (Nachlassgericht). Befindet es sich in der Wohnung, sind die Hinterbliebenen verpflichtet, das Original so schnell wie möglich beim zuständigen Nachlassgericht abzuliefern – das ist das Amtsgericht am Wohnsitz des Verstorbenen; ansonsten machen sie sich wegen Urkundenunterdrückung strafbar. Vorher sollten Sie aber beim Notar eine beglaubigte Kopie anfertigen lassen. Falls es ein notarielles Testament oder einen Erbvertrag gibt, müssen Sie dem Gericht den Notar, den Tag der Beurkundung und die UR-Nr. des Notars (UR = Urkundenrolle) mitteilen, falls bekannt.

Alle anderen Erledigungen – von der Bank über das Finanzamt bis hin zu Abonnements – haben sicher Zeit bis nach der Beerdigung. Mehr dazu in Kapitel 6 (››› Seite 140 ff.). Lediglich wenn der Verstorbene allein für Ihre gemeinsamen Finanzen kontoverfügungsberechtigt war, müssen Sie schnell handeln und einen Erbschein beantragen, da sonst das Geld innerhalb weniger Tage knapp werden dürfte.

Erbschein

Wer geerbt hat, muss seine Ansprüche gegenüber Behörden und Institutionen nachweisen. Dazu braucht man oft einen Erbschein, der beim Amtsgericht beantragt wird. Mitzubringen sind

- Sterbeurkunde,
- Auszug aus dem Familienbuch,
- Testamentsurkunde.

Die verschiedenen Bestattungsarten

Zur wichtigsten Aufgabe der Hinterbliebenen nach dem Tod eines Angehörigen zählt, ihn würdig „zu Grabe zu tragen“. Wobei dies nicht wörtlich zu nehmen ist, denn das übliche Erd- oder Urnengrab auf dem Friedhof verliert an Attraktivität. Jeder Fünfte würde sich gern für eine alternative Form der Beisetzung entscheiden – etwa für eine Baumbestattung, ein Gemeinschaftsgrab, eine Seebestattung oder eine Urne zuhause. Das ist nicht nur Ausdruck eines neuen Selbstverständnisses, sondern auch bestimmt durch die Suche nach einer modernen und vor allem preiswerten Alternative zur häufig teuren konventionellen Beisetzung. Den durchschnittlichen Preis einer Bestattung von rund 5.000 Euro wollen nur 38 Prozent der Deutschen aufbringen, hat eine EMNID-Studie aus dem Jahr 2004 ergeben. Ein Drittel der Befragten waren allenfalls bereit, 3.000 Euro zu bezahlen – aber dafür ist kaum noch eine würdige Beerdigung zu bekommen. Grundsätzlich muss eine schlichte Bestattung sicherlich nicht weniger würdig sein als eine pompöse; der geleistete finanzielle Aufwand hat mit dem ehrenden Gedenken an den Verstorbenen nichts zu tun. Es ist daher keineswegs pietätlos, vom Bestatter einen Kostenvoranschlag inklusive Mehrwertsteuer zu verlangen oder ausdrücklich nach einem günstigeren Sarg zu fragen.

Alternative Formen der Beisetzung gewinnen an Attraktivität

Einen Wunsch können Deutschlands Bestatter jedoch keinesfalls erfüllen: Beerdigungsorte außerhalb der Norm. Vorläufig wird es weder „Asche im All“ geben noch das Gartengrab hinter dem eigenen Haus oder das „Einfrieren für die Auferstehung“. Der Hintergrund: Es besteht Friedhofs- und Bestattungszwang. Dafür ist in der Regel ein gemeindlicher oder kirchlicher Friedhof vorgesehen. Welche Regeln in Ihrem Bundesland gelten, können Sie dem entsprechenden Bestattungsgesetz entnehmen. Je nachdem, was dort festgelegt ist, haben Sie als Angehörige die Wahl zwischen folgenden Bestattungsarten.

Rahmen wird durch Friedhofs- und Bestattungszwang vorgegeben

Erdbestattung

Lange Ruhezeiten nur beim Wahlgrab möglich

Die Erdbestattung, also die Beisetzung des Leichnams in einem Sarg, ist nach wie vor die am meisten praktizierte Form. Etwa 60 Prozent aller Toten werden so zur letzten Ruhe gebettet, in einem Reihen- oder einem Wahlgrab. Für eine festgelegte Zeit (Ruhezeit) erwerben Sie als Angehöriger das Nutzungsrecht. Nur bei Wahlgräbern kann diese Zeit beliebig verlängert werden. Außerdem können hier mehrere Verstorbene beigesetzt werden.

Reihen- oder Wahlgrab?

Reihengrab	Wahlgrab
Kein Einfluss auf die Lage des Grabes auf dem Friedhof	Lage und Größe des Grabes kann bestimmt werden
Grundsätzlich Einzelgräber	Zahl der Grabstellen kann bestimmt werden
Nutzungsrecht kann nicht verlängert werden	Nutzungsrecht kann auch über die übliche Ruhezeit verlängert werden

Wahlgrab sehr viel teurer als Reihengrab

Die Kosten steigen mit zunehmender Anzahl der „reservierten" Grabstätten und bei längerer Nutzungsdauer an. In aller Regel sind Wahlgräber aber auch deshalb teurer als Reihengräber, weil von den Gemeinden meistens höhere Grabnutzungsgebühren erhoben werden. So verlangt beispielsweise die Stadt Geislingen an der Steige für ein Reihengrab für 18 Jahre 496 Euro, während für ein einfaches Wahlgrab 1.048 Euro und ein doppeltes gar 2.020 Euro zu zahlen sind.

Wer das Nutzungsrecht für ein Wahlgrab kauft, erhält eine Verleihungsurkunde. Der Erwerber hat das Recht, einen Nachnutzungsberechtigten zu bestimmen und sein Nutzungsrecht durch schriftlichen Vertrag zu übertragen. Dadurch verpflichtet sich der Nachnutzer, Gebühren für die Verlängerung der Nutzungszeit und andere Lasten zu zahlen, die Instandhaltung der Grabanlage und die Grabpflege zu übernehmen. Grabnutzungsrechte unterliegen nicht der Erbfolge. Daher kann derjenige, der zum Nachnutzer bestimmt, aber nicht gleichzeitig Erbe ist, das Nutzungsrecht am Grab verweigern. Erben gelingt dies nur, wenn sie die komplette Erbschaft ausschlagen.

Feuerbestattung

Voraussetzung für eine Feuerbestattung ist der ausdrückliche Wunsch des Verstorbenen, etwa durch handschriftliche Willensbekundung wie „Ich möchte nach meinem Tode in einer Urne beigesetzt werden" – mit Datum und Unterschrift versehen. Ersatzweise können die nächsten Angehörigen die Erklärung abgeben.

Zusätzliche Bescheinigungen notwendig

Neben dieser Willenserklärung müssen Sie der Friedhofsverwaltung als dem Träger des Krematoriums die Sterbeurkunde, eine amtsärztliche Bescheinigung über fehlende Anhaltspunkte für einen unnatürlichen Tod sowie eine Bescheinigung der Polizei über fehlende Anhaltspunkte für einen gewaltsamen Tod vorlegen. Der Grund: Ist der Leichnam erst einmal verbrannt, kann er später nicht exhumiert werden, falls sich doch noch Anhaltspunkte für ein Gewaltverbrechen ergeben. Wenn Sie es wünschen, kümmert sich das von Ihnen ausgewählte Bestattungsunternehmen um all diese Formalitäten.

Nicht alle Kommunen verfügen über Krematorien. Die an sich preiswerte Einäscherung kann daher teuer werden, da die Überführung in ein Krematorium nach Kilometern abgerechnet wird. Wenn Krematorien überlastet sind, ist mit Wartezeiten zu rechnen. Während dieser Zeit muss der Verstorbene in einer Kühlkammer gelagert werden, was zu weiteren Kosten führt. Außerdem fällt eine Gebühr für die Ausnahmegenehmigung an, dass die Kremierung verspätet stattfindet. Urnengräber können als Reihen- und Wahlgräber gekauft werden, wobei die Kosten wegen der kleinen Fläche weniger ins Gewicht fallen als bei Erdbestattungen.

Seebestattung

Eine Seebestattung ist grundsätzlich in allen Bundesländern möglich, wobei in einigen Ländern von der Ordnungsbehörde Ausnahmegenehmigungen dafür erteilt werden müssen. In diesem Fall ist es günstig, wenn Sie stichhaltige Gründe für diese Bestattungsform vorbringen – am besten in Form einer schriftlichen Verfügung des Verstorbenen, die er zu Lebzeiten mit Ort, Datum, Unterschrift und Begründung des Wunsches angefertigt hatte.

Die Urne muss laut Schifffahrtsamt aus wasserlöslichem Material bestehen und kann nur außerhalb der Dreimeilenzone ins Meer abgesenkt werden. Auf dem Schiff kann eine Trauerfeier mit Redner und Gästen stattfinden wie an Land. Die Stelle, an der die Beisetzung erfolgt, wird schriftlich festgehalten und den Hinterbliebenen später als Ausschnitt einer Seekarte mit genauer Markierung ausgehändigt. Hat der Verstorbenen selbst einen genauen Ort und am besten auch die entsprechende Reederei für sein „Seemannsbegräbnis" ausgesucht, brauchen Sie als Angehörige diesen Wünschen nur zu folgen. Ansonsten können Sie zwischen verschiedenen Gewässern (u. a. Ost- und Nordsee) wählen. In Binnengewässern dürfen Urnen allerdings noch nicht beigesetzt werden.

Urnenfeld

Anonyme oder halbanonyme Bestattung

Eine andere, inzwischen weit verbreitete Art der Bestattung ist die Beisetzung – meist in der Urne – in anonymen Gräberfeldern des Friedhofs. Diese Gemeinschaftsgräber sind häufig große Rasenflächen mit oder ohne Gedenktafel, bei denen die Beerdigten nicht namentlich genannt werden. Die anonyme Art der Bestattung stammt aus Skandinavien, wo bis zu 80 Prozent der Toten so beigesetzt werden. Da sie preiswerter ist und die Grabpflege entfällt, wünschen sich viele Menschen auch hierzulande diese Form der Beisetzung. Zeitpunkt und den genauen Ort der Beisetzung erfahren oft nicht einmal die nächsten Angehörigen. Die Friedhofsverwaltung hält die detaillierten Daten jedoch in ihrem Archiv fest. Die Felder werden einheitlich als Rasenanlage durch die Friedhofsverwaltung gepflegt. Für Hinterbliebene besteht die Möglichkeit, Blumenschmuck an zentraler Stelle abzulegen. Außerdem werden inzwischen halbanonyme Grabstätten angeboten mit zentralen Stelen, auf denen die Namen der Toten aufgelistet sind.

Von Billiganbietern (z. B. *www.sargdiscount.de, www.volksbestattung.de*) wird die Einäscherung und anonyme Beisetzung im Ausland (z. B. Tschechien) angeboten, ergänzt mit der Offerte, dass für die Angehörigen in den Folgejahren Busfahrten zu dem ausländischen Friedhof organisiert werden.

Luftbestattung

Bei einer weiteren Form der anonymen Bestattung wird die Asche des Verstorbenen aus einem Heißluft-Ballon heraus verstreut (*www.luftbestattungen.de*). Ein bis zwei Trauernde können mit in den Ballon steigen, von dem aus dann die Asche über Frankreich – über einem Gebiet von mehreren hundert Quadratmetern – abgeworfen wird. Aber auch Trauerfeiern am Boden sind möglich. Die genauen Koordinaten des Bestattungsortes werden mit einem Navigationsgerät ermittelt und in einer Urkunde festgehalten, die die Angehörigen bekommen. Das Bestattungsunternehmen, das Sie beauftragt haben, setzt sich mit dem Unternehmen in Verbindung und organisiert die Beisetzung. Allerdings kann es wegen schlechten Wetters, spezieller Wünsche oder der bürokratischen Abwicklung einige Tage bis Wochen dauern, ehe nach der Einäscherung die Luftbestattung vollzogen werden kann. Die Kosten sollen – je nach Bestatter – nach Aussage des bislang einzigen Anbieters von Luftbestattungen in Deutschland in der Regel etwas höher als bei einer Urnenbestattung liegen (ab 1.500 Euro).

Baumbestattung

Hierunter fallen zum einen die von der FriedWald GmbH angebotenen Beerdigungen in eigens dafür ausgewählten Waldgebieten (*www.friedwald.de*). Gegenwärtig gibt es knapp zehn Friedwälder, darunter in Bramsche Naturpark Nördlicher Teutoburger Wald – Wiehengebirge, Hasbruch/Hude, Hümmel in der Eifel, Bad Laasphe am Rothaarsteig, Rheinhardswald bei Kassel, Odenwald bei Michelstadt und Kalletal an der Porta Westfalica.

Bei der Beerdigung wird entweder ein neuer Baum gepflanzt und die Asche schichtweise mit der Erde hinzu gegeben, wodurch im Laufe der Zeit ein neuer Wald entsteht. Oder es wird unter einem bestehenden Baum durch stab- oder röhrenförmige Gegenstände ein Hohlraum geschaffen, in den dann die Asche beigesetzt wird. Neben FriedWald® bieten auch vermehrt kommunale Friedhofsträger Baum- oder naturnahe Bestattungsarten an. Hierbei werden Asche oder Urne im Wurzelbereich eines Baumes beigesetzt, der sich in der Regel auf einem kommunalen Friedhof befindet. Für diese Bestattungsarten hat sich noch kein einheitlicher Name durchgesetzt, gebräuchlich sind Namen wie Friedpark, Urnenhain, Baumbestattung oder naturnahe Bestattung. Bundesweit darf diese Bestattungsform von kommunalen und kirchlichen Friedhofsträgern angeboten werden. In Nordrhein-Westfalen können seit September 2003 auch Privatpersonen und -unternehmen Baumbestattungsanlagen außerhalb von öffentlichen Friedhöfen betreiben. Diese Anlagen müssen jedoch vorher genehmigt werden.

Streuwiese

Streuwiesen, auf denen die Asche der Verstorbenen ausgestreut wird, gibt es nicht viele in Deutschland. Bekannteste und älteste ist die auf dem Rostocker West-Friedhof (*www.diskret-bestattung.de*). Das Ritual stammt aus Skandinavien und wurde schon seit den 70er Jahren in der damaligen DDR praktiziert. Das Bestattungsgesetz von Mecklenburg-Vorpommern erlaubt diese Form ausdrücklich; seit 2003 ist sie auch in Nordrhein-Westfalen möglich. In den Bestattungsgesetzen anderer Länder wie Thüringen gibt es mitunter ebenfalls einen Passus, nach dem die Asche auf dem Friedhofsgelände „ausgebracht“ werden darf. Fragen Sie bei Bedarf einen Bestatter, ob und wo in Ihrer Nähe diese Form der Beisetzung möglich ist.

Bisher nur in wenigen Bundesländern

Neue oder andere Bestattungskultur

Das Land Nordrhein-Westfalen ist in Deutschland Vorreiter in Sachen moderner Bestattungskultur. Seit dem 1. September 2003 sind dort die Bestattungsregeln, die in Deutschland im Vergleich zu anderen europäischen Nachbarn sehr restriktiv sind, gelockert. Unter anderem können Eltern Tot- und Fehlgeburten unabhängig vom Gewicht beerdigen. Friedhöfe, Krematorien und Friedhofshaine können privatisiert werden. Asche kann ohne Urne direkt in der Erde beigesetzt werden. Die Sargpflicht wurde aufgehoben, sodass Muslime zum Beispiel ihre Toten im traditionellen Leichentuch aus weißer Baumwolle beerdigen können. (Dies ist nach Absprache mit den Kommunen auch anderswo möglich.)

Die meisten Moslems, aber auch Juden, sind bis heute gegen Feuerbestattungen und halten Gräber für den angemessenen Platz für Tote. Diese Gräber sollten nicht neu belegt werden, die Totenruhe darf nicht gestört werden. Ein jüdischer Friedhof ist ein „bet olam“, ein ewiges Haus. Übrigens: Der islamische Sarg besteht aus Holz (unbehandelt, nicht verziert), hat eine spezielle Dachform und der Tote wird so gebettet, dass sein Gesicht nach Mekka ausgerichtet ist. Die Bestattung soll spätestens einen Tag nach dem Tod erfolgen. Bepflanzung und Pflege der Gräber sind nicht üblich.

Was Bestattungen kosten

Die Kosten für die Beisetzung sind sehr unterschiedlich, selbst bei identischer Leistung. Die Angaben in der Übersicht auf Seite 120, die nur die Kosten für Bestatter und Kommunen, nicht aber private Ausgaben wie für Trauerkleidung (ca. 500 Euro), Totenschein (ab 50 Euro), Sterbeurkunden (ca. 40 Euro) und Leichenfeier (ca. 300 Euro) beinhalten, sind daher nur grobe Anhaltspunkte und können im Einzelfall deutlich davon abweichen.

Das Leistungsangebot der Bestatter

Genau überlegen, welche Dienstleistungen das Bestattungsunternehmen liefern soll

Bestattungsinstitute bieten eine Vielzahl von Produkten und Dienstleistungen an. Neben einer umfassenden Beratung über angebotene Leistungen und deren Preise gehören persönliche und fachliche Qualifikation zu den Merkmalen eines „guten“ und seriösen Bestatters. Angesichts der hohen emotionalen Belastung ist es für die Angehörigen sehr schwer, sich um alles Notwendige zu kümmern. Zumal Sie keine langen Entscheidungsspielräume haben, da ein Toter in der Regel innerhalb von 36 Stunden abgeholt sowie nach spätestens fünf Werktagen begraben oder ins Krematorium überführt werden

	Bestattungsart und Kosten	
Erdbestattung	Beisetzung	200 bis 1.800 Euro, darunter:
	Trauerhalle	100 bis 300 Euro
	Musik	50 bis 200 Euro
	Träger	50 bis 100 Euro
	Öffnen + Schließen des Grabes	50 bis 200 Euro
	Sarg	300 bis 6.000 Euro
	Waschen	60 bis 150 Euro
	Kissen, Decken, Polster	20 bis 250 Euro
	Einbetten	120 bis 300 Euro
	Überführung (innerorts)	20 bis 200 Euro
	Überführung (außerhalb)	2 Euro/Kilometer
	Redner	150 bis 350 Euro
	Grabnutzung	200 bis 2.000 Euro (oft 20 bis 25 Jahre)
	Grabstein (inkl. Aufstellung)	ab 1.000 Euro
	Inschrift pro Buchstabe	8 bis 30 Euro
	Grabneuanlage	240 bis 460 Euro
	Grabpflege Gärtner	150 bis 260 Euro/Jahr
Urnenbeisetzung	Einäscherung	200 bis 600 Euro
	Schmuckurne	40 bis 500 Euro
	Urnenbeisetzung	70 bis 100 Euro
	Sarg	300 bis 3.000 Euro
	Waschen	60 bis 150 Euro
	Kissen, Decken, Polster	20 bis 250 Euro
	Einbetten	120 bis 300 Euro
	Überführung (innerorts)	20 bis 200 Euro
	Überführung (außerhalb)	2 Euro/Kilometer
	Trauerhalle	80 bis 300 Euro
	Redner	150 bis 350 Euro
	Grabnutzung	300 bis 1.200 Euro
	Grabstein (inkl. Aufstellung)	ab 500 Euro
	Inschrift pro Buchstabe	8 bis 30 Euro
	Grabneuanlage	120 bis 160 Euro
	Grabpflege Gärtner	110 bis 140 Euro
Anonyme Beisetzungen	Keine Kosten für Grabnutzung, -stein und -pflege	

Quelle: www.aeternitas.de

muss. So ist es schnell möglich, dass Leistungen gewählt werden, die bei genauerem Hinsehen gar nicht gewünscht sind, oder die Rechnung für die Bestattungskosten sehr viel höher ausfällt als gedacht. Wen dies alles zu sehr belastet, kann und sollte sich daher von weiter entfernten Angehörigen, Freunden oder Bekannten zumindest teilweise entlasten lassen. So können Sie bei den Gesprächen mit dem Bestattungsunternehmen dabei sein oder bestimmte Leistungen selbst unternehmen.

Das können Sie vom Bestatter erwarten

- Umfassende und kompetente Beratung (auf Wunsch auch zuhause)
- Umgehende Betreuung im Trauerfall (24-Stunden-Service)
- Organisation der gesamten oder auch von Teilen der Bestattung und Trauerfeier, je nach Bedarf
- Bei Bedarf Erledigung aller Formalitäten, Behördengänge und Terminabstimmungen
- Würdige Überführung zu jedem Bestattungsort
- Würdige und feierliche Aufbahrung sowie respektvolle Behandlung des Toten
- Nach Wunsch Beratung und Unterstützung bei der Festlegung des Grabes, des Grabmals und der Grabpflege sowie bei der Auswahl der Trauermusik, der Herstellung der Trauerkarten und -anzeigen etc.
- Vermittlung eines Trauerredners
- Schriftlicher und transparenter Kostenvoranschlag
- Angebot von Bestattungen in unterschiedlichen Preiskategorien, auch Bereitschaft zur Durchführung von Sozialbestattungen
- Nachvollziehbare und korrekte Abrechnung
- Verauslagung bestellter Fremdleistungen

Quelle: Bundesverband Deutscher Bestatter, www.bestatter.de

In Deutschland arbeiten etwa 4.300 Bestattungsunternehmen; 95 Prozent von ihnen haben weniger als sieben Mitarbeiter. Dazu kommen ein Dutzend städtischer Betriebe und eine Hand voll Bestattungsketten. Sie machen jedes Jahr etwa drei Milliarden Euro Umsatz. Der Zugang zum Gewerbe ist leicht – praktisch kann jeder Bestatter werden, der sich einen Gewerbeschein besorgt. Daher ist Qualität nicht von vornherein garantiert. Allerdings ist seit 2003 wenigstens das Berufsbild des Bestatters gesetzlich geregelt. Eine bundesweit einheitliche Ausbildung zur „Bestattungsfachkraft“ erfolgt nach den anerkannten Standards der Ausbildung im Handwerk. Außerdem gibt es Fortbildungen zum Geprüften Bestatter bzw. zum Bestattermeister (Funeralmaster).

Qualitätssiegel für Mitgliedsunternehmen

Qualitätssiegel für Bestatter

Mitgliedsunternehmen des Bundesverbandes Deutscher Bestatter, dem nach eigenen Angaben 85 Prozent der Unternehmen angehören, können ein Markenzeichen verliehen bekommen. Mit dem Tragen des Zeichens übernehmen die Unternehmen folgende Selbstverpflichtungen:

- die Würde der Verstorbenen zu achten und Riten und Brauchtum aller Kulturen, Nationen und Religionen zu respektieren,
- Angehörige sensibel und rücksichtsvoll zu begleiten,
- die übertragenen Aufgaben mit größter Sorgfalt und im Interesse der Auftraggeber zu erfüllen,
- absolutes Stillschweigen über alle vertraulichen Informationen zu wahren,
- sich ehrlich und redlich zu verhalten, weder falsche noch irreführende Angaben zu machen und jedem eine individuelle Bestattungsregelung zu garantieren,
- allen, die eine Bestattung zu Lebzeiten regeln möchten, hierzu die Möglichkeit zu bieten und – im Bewusstsein dieser Verantwortung – die eingegangenen Verpflichtungen im Sinne der Vorsorgenden zu erfüllen,
- die Öffentlichkeit über Bestattungsdienstleistungen und Bestattungskosten transparent und eindeutig zu informieren,
- sich und ihre Mitarbeiter weiterzubilden und damit die fachliche Qualifikation zu verbessern.

Quelle: Bundesverband Deutscher Bestatter

Allerdings sind Hinterbliebene gut beraten, auch im Trauerfall kritisch zu bleiben. So ergaben jüngere Untersuchungen, dass nur etwa die Hälfte der Kunden einen verbindlichen Kostenvoranschlag vom Bestatter erhält (››› Abschnitt „Was Bestatter kosten“, Seite 124 ff.). Noch immer sei Preisauszeichnung bei den Bestattern desolat, kritisiert der Verein Aeternitas. Er stellte im Oktober 2004 daher einen Bestattungs-Kostenrechner online (*www.aeternitas.de*), der über die einzelnen Leistungen und deren Preisniveau informiert und einen provisorischen Kostenvoranschlag für die Bestattung erleichtert.

Wer sich die Dienste eines Bestatters sichert, sollte stets einen schriftlichen Vertrag mit Kostenvoranschlag machen. Fragen Sie im Zweifel bei Freunden, Nachbarn, Kollegen etc., die bereits eine Bestattung veranlassen mussten, nach ihren Erfahrungen oder holen Sie Informationen bei der Handwerkskammer oder dem Verein Aeternitas (Adresse ››› Seite 201) ein. Laut Bundesverband Deutscher Bestatter verwenden viele Unternehmen inzwischen Allgemeine Geschäftsbedingungen (AGB), die als Muster vom Verband entwickelt worden sind.

Tipp

Knackpunkte, auf die Sie achten sollten, sind:

- Bezahlung erbrachter Leistungen 14 Tage nach Rechnungsdatum.
- Bei Inkasso abgetretener Sterbegeld-Ansprüche handelt der Bestatter ausschließlich im Auftrag und auf Rechnung des Auftraggebers, also der Hinterbliebenen. Er muss deren Wünsche respektieren, etwa eine Preisobergrenze.
- Rügen wegen offensichtlicher Mängel sind binnen einer Woche nach der Beerdigung anzuzeigen.
- Die Haftung (Schadenersatz) ist auf Vorsatz und grobe Fahrlässigkeit begrenzt.

Wenn Sie mit den Leistungen des Bestatters nicht zufrieden waren

Erst nachdem alle Leistungen erbracht sind und eine Rechnung gestellt wird, muss das Geld bezahlt werden. Ohne konkrete Vereinbarung sind Vorauszahlungen nicht erlaubt, bestenfalls dann, wenn der Bestatter für Fremdleistungen erheblich in Vorkasse gehen muss. Waren Mängel bei den Bestatterleistungen zu beanstanden, kann der Kunde Schadenersatz verlangen, aber keine Rückabwicklung des Vertrages, weil die Totenruhe nicht gestört werden darf. Schadenersatzansprüche müssen spätestens sechs Monate nach der Beerdigung angemeldet werden. Im Streitfall können Sie sich an Ihre Verbraucherzentrale (Adresse ››› Seite 202 f.) wenden. Außerdem können Sachverständige (Adressen unter *www.bestatter.de*, Link zu Verband) zu Hilfe genommen werden. Und das Kuratorium Deutsche Bestattungskultur eine Schlichtungsstelle eingerichtet (Adresse ››› Seite 200).

Bestand ein Bestattungsvorsorgevertrag, erlangt der Bestatter im Todesfall Zugriff auf das Ersparte. Und eine Rückerstattung überzahlter Beträge ist im Mustervertrag der Deutschen Bestattungsvorsorge Treuhand AG (Servieeinrichtung des Kuratoriums Deutsche Bestattungskultur und des Bundesverbandes Deutscher Bestatter) nicht ausdrücklich vorgesehen. Damit laufen Sie Gefahr, dass Bestatter noch einige Extras für die Beerdigung drauflegen und in Rechnung stellen.

Was Bestatter kosten

Wer Preise für Bestattungsleistungen erhalten möchte, bekommt selten konkrete Auskünfte. Die Zunft redet nicht gern über Geld im Angesicht des Todes. Richtwerte für einzelne Bestattungsleistungen finden Sie auf Seite 120, Preisunterschiede von über 100 Prozent sind aber an der Tagesordnung. Jeder Bestatter kalkuliert anders. Deshalb ist es so wichtig, in der Beratung die Preise für jede einzelne Leistung zu erfragen und sich zu erkundigen, was sich hinter jeder einzelnen Leistung „verbirgt". Erst in der Summe lässt sich beurteilen, ob das Angebot im normalen Rahmen liegt.

Preise differieren beträchtlich

Nach Beobachtung des Vereins Aeternitas verlangen die Bestatter für ihre Leistungen, die erst rund die Hälfte der Gesamtkosten einer Beerdigung ausmachen,

- bei einer einfachen Erdbestattung ab 1.500 Euro,
- bei einer üblichen Erdbestattung rund 4.500 Euro,
- bei einer gehobenen Erdbestattung rund 8.500 Euro,
- bei einer Feuerbestattung 1.100 Euro bis 6.000 Euro,
- bei einer Seebestattung 600 bis 2.000 Euro.

Die Stiftung Warentest hat im November 2004 Preise und Leistungen von Bestattern veröffentlicht. Die Preisunterschiede waren enorm: Manchmal sind sie durch Qualität und Umfang der Leistungen gerechtfertigt – allerdings sind 1.000 Euro Unterschied für die geforderte einfache Erdbestattung, wie in dem Test herausgefunden wurde, nicht akzeptabel. Zudem fiel auf, dass die häufig öffentlich hervorgehobenen Mindestpreise der Unternehmen in den konkreten Beratungsgesprächen so gut wie nie zu haben waren. Das individuelle Angebot war fast immer deutlich teurer.

Verbindlichen Kostenvoranschlag erstellen lassen

Lediglich die Hälfte der von Stiftung Warentest befragten Leser erhielt einen verbindlichen Kostenvoranschlag. Die Tester machten die gleiche Erfahrung: Nur in jedem zweiten Fall wurden Einzelpreise für die zu erbringenden Leistungen komplett ausgewiesen. Dabei sind auch Bestatter an die Vorgaben der Preisangabenverordnung gebunden und müssen vor allem eine frei zugängliche Preisliste mit Stundensätzen oder Festpreisen vorweisen. Am besten, die Liste hängt im Schaufenster oder im Verkaufsraum. Wenn nicht, sollten Sie unbedingt danach fragen. Gibt es auch auf Nachfrage keine, suchen Sie sich besser einen anderen Bestatter.

Trotz seelischer Ausnahmesituation im Todesfall eines nahen Angehörigen ist es angeraten, nüchterne Finanzentscheidungen zu treffen. Wenigstens zwei Angebotsanfragen sind angebracht, in denen Sie genau die Leistungen vorgeben sollten, die Sie wünschen.

Neuerdings können Verbraucher auch im Internet seriös Bestatterleistungen kaufen. Die Regnum Volksbestattung GmbH (*www.volksbestattung.de*) wurde Anfang Februar 2005 von der Ideal Lebensversicherung, Mutterfirma des Bestatter-Marktführers Ahorn-Grieneisen AG, gegründet. Statt der marktüblichen Kosten von rund 2.500 Euro soll der Kunde hier lediglich einen Festpreis von 569 Euro (plus öffentliche Gebühren und Friedhofskosten) zahlen. Im Internet müssen nur Namen und Daten des Verstorbenen und des Hinterbliebenen angegeben werden. Dann – so gibt die Firma an – vermittelt sie den günstigsten Bestatter in der jeweiligen Region. Zu den Leistungen ››› Seite 128.

Die schriftliche Auftragserteilung und die Bezahlung der Bestatter-Dienstleistungen findet beim regionalen Partner direkt vor Ort statt. Bevor die Bestattung erfolgt, müssen allerdings 20 Prozent der Kosten vorausgezahlt werden. Interessenten können sich rund um die Uhr auch unter einer kostenlosen Telefonnummer informieren (08 00/34 333 34). Das Angebot gilt nicht für Bestellungen von Sozial-/Ordnungsämtern bzw. bei Kostenübernahme durch diese Ämter, wenn keine Angehörigen da sind oder wenn die Angehörigen die Beerdigung nicht bezahlen können (Sozialbestattung).

Preisvergleich einer Bestattung

Eigenleistungen des Bestatters	**Kosten für Angebot der Firma:**	**Kosten für Angebot der Firma:**	**Kosten für Angebot der Firma:**
Sarg			
Schmuckurne			
Sargausstattung			
Totenkleidung			
Ankleiden/Einsargen			
Aufbahrung/Schmuck			
Trauerhalle			
Trauerfeier samt Redner			
Überführung zum Friedhof			
Verwaltungskosten			
Trauerbriefe			
Zeitungsanzeige			
Danksagungen			
Sonstiges			
Auslagen des Bestatters			
Totenschein			
Sterbeurkunde			
Genehmigung Verbrennung			
Sargausstattung			
Totenkleidung			
Ankleiden/Einsargen			
Abrechnung des Bestatters für Leistungen Dritter			
Musik bei Trauerfeier			
Sargdekoration			
Dekoration Trauerhalle			
Kränze, Gesteck			
Fotograf			
Sonstiges			

Preisvergleich einer Bestattung

	Kosten für Angebot der Firma:	Kosten für Angebot der Firma:	Kosten für Angebot der Firma:
Friedhofsgebühren (nach Art der gewählten Grabstätte)			
Grabstätte für Ruhezeit			
Beisetzung (Graböffnung und -schließung)			
Sargträger			
Grabausschmückung			
Abräumen Kränze			
Einäscherung			
Graburkunde			
Grabmalgenehmigung			
Steinmetz			
Grabmal			
Grab-Einfassung			
Inschrift			
Friedhofsgärtner (falls nicht über Bestatter/ Friedhofsverwaltung)			
Grabschmuck			
Grabschließung			
Grabpflege			
Trauermahl			
Essen/Trinken			
Gesamtkosten			

Quelle: Aeternitas, Leistungs- und Preisvergleich des Bestatterangebotes, 2004

Leistungen der Online-Bestattung

- Wahl zwischen Erd- oder Feuerbestattung (hinzu kommen gegebenenfalls Gebühren für Kremierung)
- Anonyme Bestattung ohne Trauerfeier
- Erledigung der Basisformalitäten (Sterbefallaufnahme, Abwicklung vor Ort gemäß gesetzlich vorgeschriebener Bestimmungen, Besorgung von Sterbeurkunden)
- Grundversorgung des Verstorbenen (einschließlich Hygiene- und Kleinmaterial) zur Sicherstellung der Transportfähigkeit
- Einfacher Sarg aus Kiefer oder Vollholz inklusive Sargausschlag-Unterteil
- Überführungs-Grunddienstleistungen (Einbetten, Überführung einschließlich Träger im Stadtgebiet)
- Einkleidung mit einfacher Sterbewäsche

Quelle: www.volksbestattung.de

Die Friedhofsgebühren

Für die Leistungen des Bestatters werden etwa 50 Prozent der gesamten Kosten einer Bestattung angesetzt. Die andere Hälfte entfällt auf Friedhofsgebühren und weitere private Kosten wie Trauerpost, Zeitungsanzeige und Totenfeier.

Hinterbliebene haben bei diesen Friedhofs- und Krematoriumsgebühren wenig bis gar keinen Spielraum, um Geld zu sparen. Nur wenn mehrere Friedhöfe zur Auswahl stehen, lohnt es, die Gebühren zu vergleichen und sich gegebenenfalls für die preiswertere Variante zu entscheiden. Denn bei den Gebühren lässt sich nicht handeln; sie werden von der Kommune beschlossen und verkündet. Die Kirchgemeinden orientieren sich weitgehend an den kommunalen Gebührensätzen.

Gebührenarten für den „Friedhof“

Bestattungsgebühren

- Annahme und Aufbewahrung der Leiche (Kühlzelle)/Urne
- Öffnen und Schließen des Grabes
- Ausschlagen des offenen Grabes mit Matten/Naturgrün
- Sarg-/Urnentransport zum Grab
- Abräumen des Grabmals und der Einfassungen

Feuerbestattung

- Kremation
- Bereitstellen der Urnenkapsel
- Urnenversand

Trauerhalle

- Raumnutzung
- Aufbahrung des Sarges
- Grunddekoration: Grünpflanzen und Kerzen
- Orgel oder Tonanlage

Grabnutzungsgebühr

- Bereitstellung des Grabes für die Ruhefrist/Nutzungszeit
- Rahmenpflege des Gräberfeldes
- Friedhofsunterhaltung Gebühr für die Einäscherung (bei Feuerbestattungen)

Verwaltungsgebühren, Urkunden

- Totenschein
- Sterbeurkunde
- Bestattungsgenehmigung
- Amtsärztliche Leichenschau bei Feuerbestattung
- Unbedenklichkeitsbescheinigung für Überführung

Grabmal

- Genehmigung für die Aufstellung

Genaue Werte erfahren Sie aus der Gebührensatzung Ihrer Stadt oder Gemeinde, die Sie sich zuschicken lassen können. Fragen Sie bei der Bürgerberatung, dem Friedhofs- oder Gartenamt oder beim Standesamt danach. Bei kirchlichen Friedhöfen wissen die Kirchen Bescheid. Preise und Leistungen schwanken regional erheblich.

Friedhofsgebühren

Die Friedhofsgebühren liegen bundesweit in folgendem Rahmen

	Grabnutzung (in Euro)	Bestattung (in Euro)
Erdreihengrab	170 – 1.700	140 – 1.800
Erdwahlgrab	250 – 4.000	180 – 1.800
Urnenreihengrab*	70 – 1.000	80 – 1.000
Urnenwahlgrab*	100 – 1.500	80 – 1.000

** Die Kremationskosten schwanken zwischen 150 und 500 Euro.*
Quelle: www.aeternitas.de

Leere Kassen der Kommunen treiben die Friedhofsgebühren bundesweit in die Höhe. Der Verein Aeternitas hat bei den Grabnutzungsgebühren Unterschiede festgestellt, die kaum nachvollziehbar sind. Die Tabelle zuvor gibt einige Preisbeispiele. Eine Gebührendatenbank im Internet hält auch für Ihre Stadt oder Gemeinde die aktuellen Preise bereit (*www.aeternitas.de*).

In den neuen Bundesländern sind Gräber in der Regel preiswerter als in der alten Bundesrepublik. Die Bestattung einer Urne ist immer billiger als eine Erdbestattung. Allerdings sollten Sie bedenken, dass bei der Feuerbestattung die Kosten für die Einäscherung (ebenfalls ein kommunaler Service) und Schmuckurne hinzukommen, da die Asche vom Krematorium nur in eine Aschekapsel aufgefangen wird. Dafür kommt man mit einem weniger aufwändigen Sarg aus.

Organisation von Trauerfeier und Begräbnis

Ist der Tote zu Hause verstorben, muss er nach 36 Stunden – nach Sondergenehmigung durch die Kommune aber auch noch später – in eine Leichenhalle oder (unmittelbar vor der Trauerfeier und anschließenden Beisetzung) in die Beisetzungskapelle des Friedhofs überführt werden. Auch viele Bestatter unterhalten eigene Aufbahrungsräume. Sprechen keine ungewöhnlichen Umstände dagegen, findet die Beisetzung innerhalb von vier Tagen nach dem Tod statt (bei Verbrennung wegen höheren organisatorischen Aufwands zumeist erst nach 14 Tagen).

Feuerbestattung meist zu späterem Zeitpunkt als Erdbestattung

Möglicherweise hat die oder der Verstorbene bereits zu Lebzeiten festgelegt, in welcher Form die Bestattung stattfinden soll, welche Musik beim Trauerzug intoniert wird, welche Blumen die Kapelle schmücken sollen – oder gar welche Verwandten am Grab unerwünscht sind. In diesem Fall werden den Angehörigen viele Entscheidungen, die sie ansonsten zu treffen hätten, abgenommen.

Checkliste

So bereiten Sie die Bestattung vor

- ☐ Entscheidung über Bestattungsart und Wahl des Friedhofs
- ☐ Standesamt: gegebenenfalls zusätzliche Formalitäten bei Feuerbestattung erledigen
- ☐ Bestatter einschalten und alle Dienste besprechen, die man in Anspruch nehmen will (Preisvergleich!)
- ☐ Friedhofsverwaltung aufsuchen (Termin und Grab aussuchen)
- ☐ Vorbereitung der Trauerfeier (››› Checkliste Seite 134)
- ☐ Redner für Trauerfeier organisieren, falls es kein kirchliches Begräbnis gibt; ansonsten Kirchengemeinde aufsuchen: Termin für Trauergottesdienst
- ☐ Blumenladen aufsuchen (Blumen und Kränze bestellen)
- ☐ Plätze in einer Gaststätte bestellen für die Totenfeier nach der Beerdigung
- ☐ Tageszeitung: Todesanzeige aufgeben
- ☐ Druckerei: Todeskarten drucken lassen (Umschläge mitnehmen)
- ☐ Gegebenenfalls Trauerkleidung besorgen

Ist der Tote nicht zuhause gestorben, sondern im Krankenhaus, Pflegeheim oder außerhalb des Wohnortes (etwa in einer Rehabilitationsklinik oder im Urlaub), wird er in der Regel von dort aus zum Friedhof überführt. Dies darf nur ein Bestatter übernehmen. Die Überführung kann in einem einfachen Leihsarg oder im für die Beerdigung ausgewählten Sarg erfolgen. Wenn Sie Wert darauf legen, dass die Einsargung gleich im richtigen Sarg mit vorheriger Totenwaschung und Einkleidung erfolgt, müssen Sie dies zügig mit dem Bestatter klären.

In Deutschland ist es allgemein üblich, dass Verstorbene in Särgen bestattet werden. Außer in Nordrhein-Westfalen, wo der Sargzwang per Gesetz aufgehoben wurde, ist in der Regel keine andere Form möglich. Auch die Feuerbestattung findet in einem Sarg statt. Allerdings muss hierfür kein so wertvolles Stück ausgesucht werden, da die Asche ja anschließend in der Urne beigesetzt wird.

Große Preisunterschiede bei Särgen

Bei der Wahl des Sarges können Sie zwischen einfachen Materialien (z. B. Kiefer) oder Edelholz (z. B. Mahagoni) in verschiedener Verarbeitung (Vollholz, Furnier), Form und mit unterschiedlicher Oberfläche (z. B. gebeizt, naturlasiert), mit unterschiedlichen Beschlägen sowie mit und ohne Verzierungen wählen. Als Auskleidung können Sie sich zwischen eigener Decke und Decke vom Bestattungsinstitut entscheiden, beim Sargkissen ebenfalls zwischen einem eigenen und einem vom Bestattungsinstitut.

Auch ein schlichter Kiefernsarg kann sehr würdevoll wirken, vor allem, wenn der Tote zu Lebzeiten selbst bescheiden gelebt hat. Am besten ist es bei der Sargwahl – wie bei allen anderen Erledigungen rund um die Beerdigung – wenn der Verstorbene konkrete Wünsche geäußert und hinterlassen hat. Ansonsten sollten Sie sich weniger davon leiten lassen, was „man" zu tun hat, sondern davon, was Ihnen angemessen erscheint und gefällt.

Wenn Sie noch eine Grabstelle aussuchen müssen, können Sie mit der Friedhofsverwaltung einen kurzfristigen Termin ausmachen, bei dem Sie den Vertrag über das Grabnutzungsrecht (››› Seite 116) abschließen. Bei der Gelegenheit geben Sie auch Ihre Wünsche für die Trauerfeier an – falls dies nicht der Bestatter in Ihrem Auftrag tut – und legen gemeinsam den Termin für die Bestattung fest.

Grabbeigaben in Deutschland
Die ältesten Zeugnisse menschlicher Kultur verdanken wir der Tatsache, dass Menschen bestattet wurden. Die Grabbeigaben, die ihnen mitgegeben wurden, bezeugen uns alte Kulturen, die sonst vollständig versunken wären. Das gilt für Mitteleuropa genauso wie für Ägypten oder Mexiko. Reihengräbern aus dem 5. bis 7. Jahrhundert, die vor einigen Jahren in Lauchheim (Ostwürttemberg) gefunden wurden, bescheinigen den westgermanischen Alamannen Stil bis in den Tod. So wurden wohlhabende Frauen mit Schmuckfibeln, Ringen und Colliers beerdigt. Repräsentation und persönliche Frömmigkeit bildeten über Jahrhunderte den Anlass der Grabbeigabe. Rosenkranz und Gebetbuch drückt man noch heute dem Verstorbenen in die Hand, bisweilen auch ganz persönliche Dinge. Kinder dürfen hin und wieder ihr Lieblingsspielzeug mit auf die letzte Reise nehmen. Dahinter verbirgt sich nicht mehr der Glaube an ein Leben im Tod, bei dem der Tote seines persönlichen Besitzes zum Weiterleben bedarf, sondern ein Ausdruck der Trauer und der Ansatz der ersten Trauerbewältigung: Es wird auch von der persönlichen Welt des Verstorbenen genommen. Dennoch sind Grabbeigaben heute die Ausnahme. Grund: Die Bestattung muss „hygienisch einwandfrei“ erfolgen und harten Umweltschutzauflagen entsprechen. Laut Friedhofsordnungen muss alles verrottbar sein. Selbst eine Verbrennung, bei der der Verstorbene seine eigene Kleidung trägt und seine Lieblingsgegenstände bei sich hat, ist beinahe nicht mehr möglich.

Die Trauerrede

Sind die Details von Trauerfeier und Begräbnis geklärt, sollten Sie sich mit dem Trauerredner verabreden. Bei einem kirchlichen Begräbnis übernimmt der Geistliche die Grabrede. Wer nicht religiös gebunden war, kann einen freien Grabredner beauftragen. Der kostet zwischen 150 und 350 Euro. Wenn der Tote dem Trauerredner nicht bekannt ist, benötigt er persönliche Angaben, die zumeist bei einem Gespräch mit den Hinterbliebenen zusammengetragen werden. Immer häufiger übernehmen oder ergänzen auch Freunde, Berufskollegen und Vereinskameraden die Trauerrede, wenn sie es denn können und sich zutrauen. Der Vorteil: Hier kann eine sehr persönliche Rede erwartet werden.

Checkliste

Einzelheiten der Trauerfeier		
Art der Feier	❑	kirchlich, in der Kirchengemeinde:
		gewünschter Geistlicher:
	❑	nicht-kirchlich, gewünschter Trauerredner:
Ort der Feier	❑	in der Friedhofskapelle
	❑	in der Trauerhalle der Gemeinde
	❑	in der Trauerhalle des Bestatters
	❑	in einem neutralen Raum
	❑	nur am Grab
Rahmen der Feier	❑	Blumenschalen
	❑	Blumenvasen
	❑	Kränze
	❑	Kerzenbeleuchtung
	❑	Orgel- bzw. Harmoniumspiel
	❑	Rezitation von:
	❑	Musikstücke:
	❑	Tanzstück:
	❑	Spende zugunsten:
	❑	Kondolenzbuch auslegen
	❑	von Beileidsbezeugungen absehen
Trauerzug	❑	mit Glockengeläut
	❑	Kirchenlieder, Gesangbuch-Nr:
	❑	stiller Trauerzug
	❑	Bläserkapelle
	❑	Sarg/ Urne sollen tragen:
Grablegung	❑	Musik:
	❑	Grabrede, Redner:
	❑	Blumenwurf
	❑	Erdwurf
	❑	Grab nach Beisetzung herrichten

Quelle: Aeternitas, Leitfaden für den Trauerfall

Die Trauerpost

In vielen Gegenden Deutschlands ist es üblich, nach dem Todesfall nicht nur die nächsten Angehörigen und Freunde zu informieren, sondern auch weitläufige Bekanntschaften, Kollegen und andere Weggefährten des Toten. Dazu eignen sich Trauerbriefe, insbesondere wenn die Adressaten nicht im Ort wohnen, in dem die Traueranzeige in der Tageszeitung erscheinen soll. Im Gegensatz zur Zeitung, bei der die Anzeigengröße den Preis bestimmt, muss man sich im Brief nicht ganz so kurz fassen und hat etwas mehr Raum für persönliche Worte. Wichtig für den Text sind die Informationen, die es dem Empfänger ermöglichen, sich auf die Trauerfeier einzustimmen. Wie auch die Traueranzeige in der Zeitung dient der Trauerbrief dazu, alle, die nicht persönlich vom Todesfall benachrichtigt wurden, über den Zeitpunkt und den Rahmen der Beisetzung zu informieren. Daher muss der Bestattungstermin sehr frühzeitig festgelegt werden, da erst dann die Trauerbriefe in Auftrag gegeben werden können. Denn die Trauerbriefe sollen ja so rechtzeitig bei den Empfängern eintreffen, dass sie es noch einrichten können, zur Bestattung zu kommen. Lassen Sie sich die Briefumschläge gleich mitgeben, damit parallel zum Druck schon die Adressen geschrieben werden können. Falls keine Teilnahme an der Trauerfeier gewünscht wird, lassen Sie einfach den Termin im Brief und in der Anzeige weg.

Die Todesanzeige in der Zeitung

Wer nicht ganz so engen Freunden und Bekannten den Tod eines nahen Angehörigen mitteilen und dem Betreffenden eine ehrenvolles Gedenken zukommen lassen will, erreicht dies am besten durch eine Anzeige in der regionalen Tageszeitung. Bei Verstorbenen, die aufgrund ihrer gesellschaftlichen Stellung auch über den Wohnort hinaus bekannt sind, kommt zudem eine Anzeige in einer überregionalen Tageszeitung in Betracht. Dazu setzen Sie sich mit der Anzeigenabteilung in Verbindung. Dort gibt es eine Riesenauswahl an Mustern für die Gestaltung, Texte, Schriften und Symbole.

Wichtig

Die Größe der Anzeige bestimmt den Preis, der zumeist in Millimetern angegeben wird. Das bedeutet: Ein Millimeter Anzeigenhöhe kostet den genannten Betrag für eine Zeitungsspalte. Der Preis verdoppelt bzw. verdreifacht sich also, wenn die Anzeige über zwei oder drei Spalten geht. Anzeigen sind teurer, wenn die verkaufte Zeitungsauflage hoch ist. Erscheint die Anzeige nur in der örtlichen Ausgabe, ist das preiswerter als in der Regionalausgabe. Fragen Sie nach gesonderten Preisen für Todesanzeigen. Sie sind oft billiger als normale Anzeigen, für Familien meist preiswerter als für Firmen.

Eine Todesanzeige geben in aller Regel die nächsten Angehörigen auf. Wenn Freunde eine eigene Annonce schalten, sollten sie dies mit der Familie abstimmen.

Für den Text einer Traueranzeige empfiehlt sich, keine zu großartigen Worte zu wählen und lieber das individuell passende zu wählen; das Einfache ist oft das Würdigere. Der Text sollte klar gegliedert sein. Häufig werden in der Reihenfolge von oben nach unten genannt:

- ein Spruch, mit dem der Verstorbene in Beziehung gebracht werden kann (Bibelverse, Tauf-, Konfirmations-, Trauspruch oder auch ein Vorspann ohne religiösen Bezug, die zur besonderen Situation des Todesfalles oder zum Leben des Verstorbenen passen),
- der eigentliche Vorspann,
- der Name des Verstorbenen,
- Geburts- und Sterbedaten,
- ein persönlicher Zusatz der Angehörigen mit deren anschließender Auflistung,
- Ort und Termin der Trauerfeier (mitunter alternativ nur die Traueradresse)
- zum Schluss Wünsche für Kranzspenden, Wünsche zum Verhalten der Trauergäste bei der Beerdigung (Beileidsbekundung) oder die Bitte um eine Spende für einen gemeinnützigen Zweck.

Spenden statt Blumen

Häufig wird anstelle von Kranz- oder Blumenspenden um eine Spende für eine gemeinnützige Organisation gebeten, oft unter einem Stichwort. Die Spender selbst erhalten eine Spendenbescheinigung. Bei Spenden bis zu 100 Euro reicht der Bareinzahlungsbeleg oder die Buchungsbestätigung der Bank.

Wenn die Familie nur einen bestimmten Personenkreis wünscht, der an der Beerdigung teilnimmt, dann sollten sie Briefe mit Angabe des Beerdigungstermins vorab verschicken. Die Zeitungsanzeige kann dann entweder ohne Beerdigungstermin oder alternativ nach der Beerdigung mit folgendem oder ähnlichem Text erscheinen: „Die Beerdigung (oder Trauerfeier) hat im engsten Familien- und Freundeskreis stattgefunden."

Die Trauerfeier

Bei der Trauerfeier sitzen Ehepartner, Kinder, Enkel, Eltern und Geschwister in den ersten beiden Reihen, nachdem sie Grabsträuße und Kränze an Sarg oder Urne abgelegt haben. Dahinter folgen weitere Verwandte, dann Freunde und Bekannte. Nach der Trauerrede erheben sich alle, lassen Sarg oder Urne an sich vorbeiziehen, nehmen ihren Grabschmuck auf und folgen in der Sitzreihenfolge der Urne bzw. dem Sarg (die Angehörigen haben immer Vortritt!). Am Grab stehen die nächsten Angehörigen ganz vorn. Nach den letzten Worten des Redners am offenen Grab nehmen zuerst die Angehörigen Abschied, danach die anderen Trauergäste.

Wichtig

Religiöse Trauerfeiern unterliegen oft bestimmten Abläufen und Ritualen. Dennoch ist es vielfach möglich, auch eigene Akzente zu setzen. Klären Sie rechtzeitig, wie die Feier durchgeführt werden soll.

Beileidsbekundungen

Beileid für die nächsten Angehörigen des Verstorbenen lässt sich in vielfacher Form bekunden: von einer Karte über die Teilnahme an der Trauerfeier bis hin zu einem persönlichen Besuch und dem Angebot, (in welcher Form auch immer) Beistand zu leisten. Da die meisten sich dabei – wie die Angehörigen – einer ungewohnten Stresssituation ausgesetzt sehen, empfiehlt sich ein Beileidsbesuch nur bei engen Freunden, und auch dann nur nach vorheriger Anmeldung. In jedem Fall ist der Wunsch der Angehörigen zu respektieren. Nicht jeder verkraftet in dieser ersten Phase der Trauer Besuche und Gespräche, die den Schmerz zumeist verstärken. Große Worte sollten Trauergäste gerade auf dem Friedhof möglichst nicht machen.

Blumen- und Kranzschleifen

Blumen und Kränze sind Zeichen der Verbundenheit mit dem Verstorbenen. Dass jeder dazu eine persönliche Schleife anfertigen lässt, ist sehr verbreitet, allerdings kein „Muss“. Beachten Sie, dass individuelle Aufschriften vorher gedruckt werden müssen – dazu sollten Sie zwei Tage einplanen. Den Auftrag wickeln Sie im Blumenfachgeschäft mit ab. Der Text sollte kurz gehalten sein.

Das Trauermahl

Das Beisammensein als Stunde des gemeinsamen Abschieds begreifen

Nach der eigentlichen Bestattung wollen die Angehörigen, enge Freunde, Weggefährten und Nachbarn des Verstorbenen sich häufig noch in vertrautem Kreise über die Erlebnisse und Eindrücke der Beisetzung austauschen und sich gemeinsam an den Verstorbenen erinnern. Traditionell wird dazu ein Trauermahl gewählt, obwohl den Hinterbliebenen oft nicht der Sinn nach Essen und Trinken steht. Sie können sich entlasten, indem Sie die Trauergäste in einem Café oder einer Gaststätte in der Nähe des Friedhofes statt zu Hause bewirten. Möchten Sie Freunde, Bekannte oder Arbeitskollegen dazu bitten, können Sie diese im Trauerbrief ausdrücklich einladen oder Sie lassen einen Handzettel drucken. Mitunter bieten Restaurants von sich aus gedruckte Handzettel (vielfach kostenlos), die von den Angehörigen nur noch unterschrieben werden müssen.

Die Kosten für das Trauermahl gehören zu den Beerdigungskosten und sind daher von dem Erben zu tragen

Falls die Einladung zum Trauermahl wegen Terminnot bei der Druckerei oder kurzfristigem Beerdigungstermin nicht mehr gedruckt werden konnte, bitten Sie den Pfarrer, den Trauerredner oder einen Angehörigen, unmittelbar vor der Trauerfeier oder nach der Beerdigung mündlich zum Trauermahl einzuladen.

Wahl des Grabmals

Grabmale sind Ausdruck des besonderen Gedenkens an den Verstorbenen und prägen den kulturellen und gestalterischen Ausdruck des Friedhofes. Bei der Wahl eines Grabmales bleiben im Rahmen der städtischen Richtlinien eine Vielzahl von Gestaltungsmöglichkeiten, zum Beispiel Grabmale aus Stein, Holz oder Metall, stehende Grabmale im Hoch- oder Breitformat sowie in liegender Form als Kissenstein oder Liegeplatte (››› auch *www.grabmal-portal.de*).

In den Gestaltungsvorschriften ist festgelegt, ob Grabeinfassungen mit Begrenzungssteinen erlaubt sind, ob das Grab mit Kies oder einer Steinplatte abgedeckt werden darf, welche Mindest- und Höchstmaße es für Grabmale gibt und aus welchem Material sie sein dürfen. Grabplatten, die das gesamte Grab abdecken, sind nicht generell zu verbieten, häufig jedoch nach Friedhofsplan nur auf bestimmten Grabfeldern erlaubt.

Ehe ein Grabmal aufgestellt werden darf, muss dies vom Friedhofsträger genehmigt werden. Der Antrag wird auf sachkundige Gestaltung (Steinmetz) und würdevolle Gestaltung hin geprüft. Lediglich ein Holzkreuz kann ohne Genehmigung vorübergehend am Grab aufgestellt werden. Einige Materialien (››› Kasten), Lichtbilder, Ölfarbenanstriche und aufdringliche Farben bei der Grabmalbeschriftung sind in den Friedhofssatzungen zumeist verboten.

Das Grabmal bei Erdbestattung kann erst mehrere Monate (bis zu einem Jahr) nach der Beerdigung aufgestellt werden, bei Feuerbestattung dagegen schon wenige Tage nach der Bestattung. Der Grund: Der Boden muss, nachdem das Grab geschlossen wurde, wieder verfestigt sein, damit das Fundament des Grabsteins nicht ins Rutschen kommt. Der Grabstein ist Eigentum des Käufers, der unmittelbare Besitz und Gewahrsam steht jedoch der Friedhofsverwaltung zu. Erst nach Ablauf des Grabnutzungsrechts kann der Eigentümer wieder darüber verfügen. Lässt er den Stein trotz Aufforderung nicht auf eigene Kosten entfernen, kann die Friedhofsverwaltung entschädigungslos darüber verfügen. Während der Ruhezeit ist der Nutzungsberechtigte dafür verantwortlich, dass der Grabstein sicher steht und keine Gefahr darstellt. Der Steinmetz, der für ein standfestes Fundament und eine der Friedhofssatzung entsprechende Grabmalgestaltung zu sorgen hat, haftet für Mängel am Grabmal, das als Bauwerk gilt, fünf Jahre lang (§ 438 BGB). Die Friedhofsverwaltung überprüft zumeist jedes Frühjahr durch kräftiges Drücken gegen den Grabstein, ob er noch fest steht. Falls nicht, muss der Nutzungsberechtigte unverzüglich Abhilfe schaffen – auf eigene Kosten. Wer einer Aufforderung der Friedhofsverwaltung nicht folgt, muss damit rechnen, dass der Grabstein zunächst hingelegt und gegebenenfalls ganz vom Grab entfernt wird.

Vorsicht bei diesen Materialien für das Grabmal

Terrazzo
Kunststoff
Gips
Kork
Tropf- und Grottenstein
Blech
Aluminium
Glas
Porzellan
Emaille
Zementschmuck

Auch nach der Bestattung fordert der Alltag seinen Tribut, selbst wenn dies für viele Hinterbliebene eine enorme Belastung darstellt. Dennoch bleiben Ihnen unter Umständen noch ein gutes Stück Arbeit und Laufereien, bevor alle Dinge geregelt sind. Denn während Sie bis jetzt alles getan haben, um den Verstorbenen in seinem Sinne von dieser Welt zu verabschieden, gilt es jetzt verschiedene Dinge für sich selbst und andere Hinterbliebene zu regeln.

Was nach der Bestattung zu erledigen ist

Sehr viel Zeit können Sie sich, bei all dem, was zu erledigen, schon in Ihrem eigenen Interesse nicht lassen, wobei der zeitliche Rahmen – soweit nicht spezielle Fristen einzuhalten sind – natürlich individuell unterschiedlich sein kann.

Checkliste

Innerhalb von ein bis drei Wochen nach dem Todesfall zu erledigen

- [ ] Danksagung in Zeitung und/oder per Brief
- [ ] Testament, Vermächtnis beim Nachlassgericht einreichen
- [ ] Finanzansprüche gegenüber Rentenversicherung, Arbeitgeber, Behörden geltend machen (mit Nachweisen)
- [ ] Finanzen des Verstorbenen klären (samt Stopp des Zahlungsverkehrs)
- [ ] Nachlass des Toten ordnen
- [ ] Bei Unternehmern: Steuerberater und wo möglich Stammkunden informieren
- [ ] Bei Krediten: Gläubiger informieren
- [ ] Wohnsituation des Verstorbenen klären (samt Telefon, Strom, Wasser)
- [ ] Kündigung von Abos, Vereinsmitgliedschaften und Ähnliches
- [ ] Ab- oder Ummeldung des Pkw

Checkliste

Daran sollten Sie etwa einen Monat nach dem Todesfall denken

- [ ] Grabpflege klären
- [ ] Grabmal, -gestaltung auswählen
- [ ] Mögliche Testamentseröffnung
- [ ] Klären der Erbangelegenheiten, gegebenenfalls mit Notar und Anwalt
- [ ] Schrittweise Erfüllung des Erbes
- [ ] Regelung der Bezahlung offener Schulden
- [ ] Gegebenenfalls Erbschaftsteuer zahlen
- [ ] Akte mit allen wichtigen Unterlagen anlegen (Sterbeurkunde, Grabnutzungs-Urkunde, Name des Nutzungsrechtsinhabers, Rechnungen des Bestatters, Friedhofs und Steinmetzes, eventuell Vertrag über Grabpflege, Erbschein, beglaubigte Abschrift des Testaments, Kopie des Antrags auf Witwenrente u. a.)

Danksagung

Etwa drei Wochen nach dem Tode sollten sich die Hinterbliebenen für die Beileidsbekundungen bedanken. Geeignet sind wiederum eine Anzeige in der Tageszeitung oder gedruckte Karten/Briefe – oder beides. Sie können auch persönliche Briefe per Hand schreiben, doch überfordert dies oft die Kräfte vieler Trauernder. Sie können sich für „Blumen oder Kranzspenden", „für die Anteil nehmenden Zeilen" oder „für die herzliche Anteilnahme" bedanken oder den bei der Trauerfeier Anwesenden „für das letzte Geleit". Dies alles ist mit persönlichen Worten möglich, ohne jemanden zu vergessen. Der Name des oder der Verstorbenen kann in der Danksagung entweder im Text erscheinen, separat gedruckt werden oder ganz fehlen. Ebenso ist es Geschmackssache, ob das Todesdatum noch einmal erwähnt wird oder nicht. Als Datum des Dankes wird üblicherweise kein Tagesdatum, sondern der Monat eingesetzt, in dem die Danksagung erscheint, etwa „im Januar 2005".

Grabpflege organisieren

Einige Wochen nach der Bestattung werden üblicherweise die Blumen und Kränze vom Grab entfernt. Dafür sind die Angehörigen verantwortlich. Danach wird das Grab neu angelegt: Zur Grabbepflanzung gibt es meist keine Vorschriften, allerdings sind großwüchsige Bäume und Sträucher häufig nicht zugelassen. Zudem darf die Bepflanzung der Nachbargräber nicht beeinträchtigt werden. Lassen Sie sich gegebenenfalls beraten, welche Pflanzen geeignet sind, wenn die Pflege nicht so aufwendig sein und das Grab nicht verwahrlosen soll. Und wählen Sie möglichst heimische Pflanzen.

Die Pflege übernehmen meist die nächsten Angehörigen oder Freunde. Ist das Grab über längere Zeit ungepflegt und verwahrlost, kann

Meist werden zwei verschiedene Vertragsarten – Jahresverträge und Dauerpflegeverträge – angeboten

es die Friedhofsverwaltung einebnen (nach Vorwarnung): Wenn Sie also nicht selbst in der Lage sind, das Grab zu pflegen, und auch andere Angehörigen diesen Dienst nicht übernehmen können, sollten Sie einen Profi damit beauftragen.

Jahresverträge laufen über ein Jahr und verlängern sich stillschweigend, wenn nicht fristgemäß drei Monate vor Ablauf gekündigt wird. Der Jahresgrabpflegepreis setzt sich aus Kosten für Jahresgrabpflege, Blumen im Frühjahr, Sommer und Herbst, Grababdeckung im Winter, Gießen im Sommer (eventuelle Sonderleistung) sowie Gebinde oder Gesteck zu Gedenktagen zusammen (insgesamt pro Jahr ab 200 Euro).

Dauerpflegeverträge laufen über häufig 20 bis 30 Jahre. Bei Vertragsbeginn wird ein größerer Gesamtbetrag fällig (ca. 3.500 Euro), aus dem in den Folgejahren die Gärtnerkosten bezahlt werden. Sie umfassen den Jahresgrabpflegepreis, Erstbepflanzung nach der Beisetzung, jährliche Bepflanzung, Instandsetzung nach oft zehn Jahren sowie Verwaltungsgebühren (gesamt: ca. 250 Euro pro Jahr).

Da die Preisspanne unterschiedlicher Gärtnereien für die Dauergrabpflege zwischen 60 und 450 Euro im Jahr liegt, sind genauere Vergleiche nötig, etwa der zeitliche Abstand der Pflegemaßnahmen: Er kann wöchentlich, alle 14 Tage, monatlich oder sechswöchentlich sein. Ansprechpartner für eine Dauergrabpflege sind die kirchlichen oder kommunalen Friedhofsverwaltungen, die Friedhofsgärtnerei oder die regionalen Treuhandstellen der Friedhofsgärtner-Genossenschaften (*www.grabpflege.de*). Vorteil einer Treuhandstelle: Sie rechnet jährlich mit der Gärtnerei ab. Zum Jahresende erhält der Grabnutzer einen Kontoauszug, am Ende der Vertragslaufzeit eine Abschlussrechnung. Die Treuhandstelle kontrolliert jedes Jahr, ob die vereinbarte Pflegeleistung tatsächlich vom Gärtner erbracht wurde. Bei Unregelmäßigkeiten oder nachlässiger Pflege entzieht die Treuhandstelle der Gärtnerei den Auftrag und wählt einen anderen Gärtner aus. In diesem Fall hat der Grabnutzer ein außerordentliches Kündigungsrecht für die Vertragsauflösung, auch wenn einige Verträge dies ausschließen wollen.

Wichtig

Die Laufzeit von Dauerpflegeverträgen sollte mit der Ruhezeit, also der Existenz des Grabes auf dem Friedhof, übereinstimmen. Bei Problemen mit der Abwicklung von Grabpflegeverträgen, hilft die Rechtsberatung der Verbraucherzentralen oder des Vereins Aeternitas (Adressen ››› Seite 203 bzw. 201).

Checkliste: So wählen Sie den Gärtner für die Grabpflege aus			
Leistung	**Kosten* für Gärtner**		
Name der Firma			
Gärtnerische Grabpflege** wöchentlich/14tägig/monatlich			
Gießdienst** Sommermonate/ ganzjährig			
Frühjahrsbepflanzung**			
Sommerbepflanzung**			
Herbstbepflanzung**			
Winter-Abdeckung mit ...			
Grabschmuck zu Gedenktagen** Gesteck, Frischblumen, Dauergebinde			
Summe pro Jahr			
+ Kosten für Instandsetzung nach ... Jahren			
+ Kosten Neuanlage Grabstelle nach 10, ... Jahren			
Summe Dauergrabpflege für ... Jahre			

* Preise in Euro inklusive Lieferung und Mehrwertsteuer

** jeweils alternativ zu vereinbaren und auf ein Jahr hochzurechnen

Checkliste

Sicherheit bei der Dauergrabpflege

- [ ] Wird das Geld von einem Treuhänder verwaltet?
- [ ] Wird die Grabpflege überwacht?
- [ ] Wird diese Summe sicher und mit höchstmöglicher Verzinsung angelegt?
- [ ] Reicht das Kapital voraussichtlich für die Vertragslaufzeit?
- [ ] Besteht die Möglichkeit einer Kontoauskunft?
- [ ] Werden die Kosten der einzelnen Leistungen aufgeführt?
- [ ] Wird nach der Laufzeit eine Schlussrechnung erstellt?
- [ ] Ist die Restmittelverwendung geregelt?
- [ ] Sind die Verwaltungsgebühren auf den tatsächlichen Aufwand begrenzt?

Quelle: Aeternitas, Ihr Recht auf dem Friedhof

Bankgeschäfte ordnen

So kommen Ehepartner und Lebensgefährten ans Girokonto

Am günstigsten ist es, wenn beide Ehe- oder Lebenspartner sich zu Lebzeiten gegenseitig zu Verfügungsberechtigten über die gemeinsamen Konten und Sparverträge eingesetzt hatten. Dies geschieht normalerweise bei der Eröffnung des Girokontos, kann aber jederzeit auch später nachgeholt werden. Im Todesfall kommt der Hinterbliebene dann problemlos an das Geld; die Verfügungsberechtigung geht auf ihn über. Er sollte die Bank lediglich schriftlich vom Tod des Kontomitinhabers informieren, sich selbst als künftigen Alleininhaber einsetzen und für seinen eigenen Todesfall einen anderen Verfügungsberechtigten (zum Beispiel ein volljähriges Kind) nennen. Sie können dafür bei der Bank eine Vollmacht hinterlegen. Viele Banken halten als Vordruck eine „Verfügung zu Gunsten Dritter für den Todesfall außerhalb des Erbganges" bereit (››› auch „Vorsorgevollmacht" Seite 21 ff.).

Ist der hinterbliebene Partner nicht berechtigt, über die Konten des Verstorbenen zu verfügen, können finanzielle Engpässe entstehen, zumal die Bestattung sofort Geld kostet und natürlich andere laufende Ausgaben zu bestreiten sind. Sie kommen erst an das Geld, wenn Sie der Bank einen Erbschein vorlegen. Die Bank erkennt auch ein Testament an. Übrigens: Verfügungsberechtigt über die Konten sind auch der Testamentsvollstrecker und der Nachlasspfleger (››› Seite 171).

Kritischer Punkt bei unverheirateten Paaren

Schwierig wird es für unverheiratete Paare, bei denen der allein fürs Konto Verfügungsberechtigte gestorben ist, aber vor seinem Tod kein Testament gemacht hatte. Dann gilt die gesetzliche Erbfolge: Der überlebende Partner kann weder über das Konto verfügen, noch etwas erben.

Was Sie mit Einzugsermächtigungen tun sollten

Verschaffen Sie sich zunächst einen Überblick über regelmäßige Zahlungseingänge und Abbuchungen. Existiert kein Lebenspartner, wird die Bank den Erben dabei behilflich sein. Bei dieser Gelegenheit kann das Girokonto gleich gekündigt werden; Kündigungsfristen sind üblicherweise nicht einzuhalten. Das Guthaben kann auch auf ein anderes Konto überschrieben werden; dazu ist der Erbschein oder eine entsprechende Vollmacht nötig (außer bei mitverfügungsberechtigtem Partner).

Alle Lastschriften (mit Einzugsermächtigung), die ab sofort nicht mehr gewollt sind, sollten am besten schriftlich widerrufen werden. Wenn zum Beispiel die Mitgliedschaft in einem Verein gekündigt wird, der den Beitrag immer vom Girokonto abgebucht hatte, widerrufen Sie im Kündigungsschreiben zugleich die Einzugsermächtigung. Bei Daueraufträgen setzen Sie sich dagegen mit der Bank des Verstorbenen in Verbindung.

Ist das Konto künftig bedeutungslos, weil kein Lebenspartner mehr existiert, und wollen die Erben es ohnehin kündigen, sollte mit der Bank vereinbart werden, dass Lastschriften in der Übergangszeit von etwa sechs Wochen nur noch nach vorheriger Rücksprache mit den Erben erfolgen dürfen. Dies verbessert den Überblick und hilft zugleich, Mahnungen oder Pfändungen für berechtigte Forderungen zu vermeiden. Kommt es dabei zur Abbuchung falscher Beträge, so können die Erben der Lastschrift innerhalb von sechs Wochen widersprechen. Die Bank muss dann den strittigen Betrag zurück auf Ihr Konto buchen.

Zahlungsverpflichtungen, die für den überlebenden Lebenspartner weiter wichtig sind (etwa die Wohnungsmiete), können unverändert weiter per Dauerauftrag oder Einzugsermächtigung abgebucht werden. Günstig ist es, dem Vertragspartner eventuelle Änderungen mitzuteilen, etwa den Namen des neuen, alleinigen Kontoinhabers.

Was aus Sparverträgen wird

Existiert nach dem Tod noch ein anderer Kontoinhaber, so kann der über Sparkonten verfügen. Er kann die Geldanlagen weiterführen, zum Beispiel in einen Ratensparvertrag einzahlen, oder bei Bedarf auch kündigen. Beim Sparbuch etwa kann erst drei Monate nach der Kündigung über den vollen Betrag verfügt werden. Existiert ein Bausparvertrag, in den noch eingezahlt wurde, so gilt das Gleiche. Der Vertrag kann weiterbedient oder gekündigt werden. Bei Kündigung erhält der Verfügungsberechtigte (Mitinhaber, Bevollmächtigter oder Erbe mit Erbschein) das Guthaben überwiesen. War der Bausparvertrag schon zugeteilt und ist noch eine Restschuld des Verstorbenen gegenüber der Bausparkasse offen, so springt im Todesfall die in aller Regel vorhandene Restschuld-Versicherung ein, aus der der offene Kreditbetrag auf einen Schlag getilgt wird. Bleibt noch Geld übrig, erhalten die Erben den Betrag. Sind noch Forderungen des Kreditgebers offen, stehen die Erben dafür ein.

Restschuld-Versicherung bei Bausparverträgen

Wichtig

Geldanlagen gehören zum Erbe. Wer als Lebenspartner darüber verfügungsberechtigt ist, dem steht dennoch womöglich nicht alles zu, weil es weitere Erben gibt.

Können Kredite gekündigt werden?

Die Erben sind Gesamtschuldner

Nicht nur Guthaben, auch Kredite gehören zum Erbe. Wer das Erbe antritt, kann sich nicht nur die guten Sachen (Vermögen) herauspicken, sondern muss auch die Verpflichtungen erfüllen. Dazu zählen Kreditverträge und Bürgschaften. Sie gehen auf die Erben als Gesamtschuldner unbeschränkt über. Versuchen Sie, mit Banken und anderen Gläubigern zunächst ein Stillhalteabkommen zu vereinbaren, bis Sie einen Überblick über das Erbe haben. Dann klären Sie jede einzelne Position entsprechend Ihren Wünschen und Möglichkeiten.

Teure Grundstückskredite müssen zunächst sicherlich weiter bedient werden (der Verkauf des Grundstücks dauert einige Monate), Kleinkredite können womöglich sofort aus dem Erbe zurückgezahlt und damit beendet werden. Wer jedoch denkt, die Bank freut sich über vorzeitige Tilgung der kompletten Restschuld, irrt: Insbesondere bei Hypothekendarlehen ist Ärger programmiert (››› „Haus und Wohnung", Seite 169).

Fristen beachten

Bei herkömmlichen Ratenkrediten für Anschaffungen wie Möbel oder Auto gilt: Die Erben können den Kredit weiter bedienen oder vorzeitig kündigen. Dabei gilt meist eine Kündigungsfrist von drei Monaten. Die Restschuld muss spätestens zwei Wochen nach dem Kündigungstermin zurückgezahlt sein. Verpassen die Erben dieses Datum, gilt die Kündigung als unwirksam – der Kredit läuft weiter wie bisher.

Geleaste Autos
Stirbt der Leasingnehmer – etwa bei einem Verkehrsunfall, bei dem auch der Wagen stark beschädigt wird –, sollten die Erben unverzüglich Kontakt zur Leasinggesellschaft (das ist meist eine Autobank) aufnehmen und die Abwicklung klären. Eine außerordentliche Kündigung ist zwar ausdrücklich zum Ende des laufenden Monats möglich. Doch die Leasinggesellschaft wird den Erben einen Kündigungsschaden in Rechnung stellen, der sich aus der Differenz von Ablösewert und Erlös beim Weiterverkauf ergibt.

Arbeitgeber informieren

Benachrichtigung möglichst innerhalb von drei Tagen

Trotz statistisch steigender Lebenserwartung sterben nicht wenige Menschen vor Ende ihrer Berufstätigkeit. Für die Benachrichtigung des Arbeitgebers gibt es keine feste Frist, durch die Sie als Erbe eventuelle Ansprüche gegenüber der Firma verlieren. Falls die Personalabteilung zur Abwicklung von Forderungen oder offenen Zahlungen weitere Unterlagen benötigt, wird sie dies äußern. In aller Regel wird die Sterbeurkunde nötig sein. Manchmal wird ein Erbschein verlangt – das eilt aber nicht, sondern hat einige Wochen Zeit. Vereinbaren Sie mit dem Arbeitgeber dann auch einen Termin, wann Sie die persöhnlichen Sachen des Verstorbenen erhalten bzw. wann Unterlagen und Arbeitsgegenstände wie PCs, die der Tote zu Hause genutzt hat und die dem Unternehmen gehören, zurückzugeben sind.

Ansprüche auf Restlohn, Sonderzahlungen

Arbeitnehmer erhalten Lohn oder Gehalt für den laufenden Monat oft am Monatsende oder gar in den ersten Tagen des Folgemonats. Im Todesfall haben die Angehörigen Anspruch auf den anteiligen Verdienst für die Tage, an denen der Verstorbene noch gearbeitet hatte.

Falls eine Vereinbarung über Arbeitszeitkonten existiert, bei denen saisonbedingte Überstunden übers Jahr mit Zeiten von Auftragsflaute verrechnet werden (etwa auf dem Bau), können die Erben bei Zeitguthaben des Verstorbenen auf die Auszahlung hoffen – falls die Vereinbarung dazu konkrete Bestimmungen enthält. Sie sollten sich bei einer größeren Firma an den Betriebsrat wenden, ansonsten an die Gewerkschaft.

Fiel der Todesfall in eine Zeit, wo Sonderzahlungen des Arbeitgebers wie zusätzliches Urlaubsgeld (meist im Mai) oder Weihnachtsgeld (meist im November) ausgeschüttet werden, kann den Angehörigen die Gratifikation anteilig zustehen.

Finanzielle Beihilfe im Todesfall

Ob die Firma im Todesfall eines Arbeitnehmers eine finanzielle Beihilfe für die Hinterbliebenen zahlt, hängt primär vom Firmeninhaber ab. Falls er dies anbietet, ist es schön; erzwingen können Hinterbliebene eine Hilfeleistung in aller Regel aber nur, falls der Tod durch Verschulden der Firma begünstigt wurde. Falls dieser Verdacht besteht, sollten Sie sofort einen Anwalt einschalten.

Sterbebeihilfe im Tarifvertrag geregelt?

Günstiger ist es, wenn der Chef Mitglied im Arbeitgeberverband ist und innerhalb dieses Verbandes ein Tarifvertrag existiert, der Sterbebeihilfe vorsieht. Dazu gibt es je nach Branche und Region völlig unterschiedliche Regelungen, die sich auch in der Höhe der Zahlungen unterscheiden.

Beispiel

Der Bundesrahmentarifvertrag für das Baugewerbe (BRTV) legt fest: Stirbt der Arbeitnehmer, so ist an den Ehegatten oder, falls der Arbeitnehmer am Todestag nicht verheiratet war, an die Unterhaltsberechtigten ein Sterbegeld zu zahlen, soweit er diese unterhalten hat. Das Sterbegeld beträgt bei einer Betriebszugehörigkeit

- von mehr als einem Jahr einen Wochenlohn,
- bei mehr als fünf Jahren drei Wochenlöhne und
- bei mehr als zehn Jahren vier Wochenlöhne.

Stirbt der Arbeitnehmer an den Folgen eines Betriebsunfalls, so beträgt das Sterbegeld ohne Rücksicht auf die Dauer der Betriebszugehörigkeit vier Wochenlöhne.

Was aus einer Betriebsrente wird

Über die gesetzliche Rente hinaus können im Alter viele Arbeitnehmer auf eine Zusatzrente aus der Firma hoffen. Dabei ist zu unterscheiden, ob der Verstorbene eine betriebliche Altersversorgung (bAV) mit vor- oder nachgelagerter Besteuerung abgeschlossen hatte.

Über einen Vertrag mit vorgelagerter Besteuerung, wie er bei der Direktversicherung üblich ist, kann der Arbeitnehmer frei verfügen und ihn entsprechend an jeden „x-Beliebigen" vererben – wenn er will, auch an das örtliche Tierheim. Allerdings spielt diese Form nur noch im Bestand eine Rolle, da sie ab 2005 im Neugeschäft nicht mehr steuerlich begünstigt wird (§ 40b EStG wurde gestrichen).

Verträge mit nachgelagerter Besteuerung nur eingeschränkt vererbbar

Ab diesem Zeitpunkt fördert der Gesetzgeber nur noch Modelle mit nachgelagerter Besteuerung. Neue Verträge über Direktversicherung, Pensionskasse oder Pensionsfonds werden bis zu einer Grenze von vier Prozent der Beitragsbemessungsgrenze in der gesetzlichen Rentenversicherung (West) gefördert (nach § 3 Nr. 63 EStG). Folge: Bis zu dieser Höhe – 2005 sind das maximal 2.496 Euro – ist der Beitrag völlig steuerfrei. Er fließt dem Arbeitnehmer steuerlich aber noch nicht zu, sodass er auch noch keine Verfügungsgewalt über den Vertrag hat. Die Vererbbarkeit ist allerdings stark eingeschränkt und gilt nur für ausgewählte Angehörige:

- Ehegatten,
- Kinder, für die Anspruch auf Kindergeld besteht,
- benannte Lebenspartner (auch gleichgeschlechtliche), wenn sie mit Name, Geburtsdatum und Adresse benannt sind und bestätigt haben, dass sie über diesen Versorgungsanspruch informiert sind.

Gibt es keinen Ehepartner (verstorben oder geschieden), so haben die unterhaltsberechtigten Kinder Anspruch auf die Betriebsrente des Verstorbenen. „Unterhaltsberechtigt" bedeutet, dass nur Kinder in den Genuss kommen, die jünger als 18 Jahre alt sind bzw. noch Anspruch auf Kindergeld haben, sich also in der Ausbildung befinden. Mit 27 ist endgültig Schluss mit Ansprüchen. Hat ein Kind jedoch Wehr- oder Zivildienst abgeleistet, verlängert sich die Frist entsprechend.

Sind keine Todesfall-Leistungen bekannt, kann die Betriebsrenten-Einrichtung ein Sterbegeld von maximal 8.000 Euro an die Erben auszahlen. Alles was darüber hinausgeht, fällt an die Einrichtung. Achtung: Es gibt auch Verträge, die gar keine Leistung bei Tod des Arbeitnehmers vor Beginn der Betriebsrente vorsehen. Details weiß der Arbeitgeber.

Hinterbliebenenrente

Die nächsten Angehörigen stehen nicht mit leeren Händen da, wenn Mitglieder der gesetzlichen Rentenversicherung sterben. Ehepartner erhalten Witwen- bzw. Witwerrente, die Kinder Waisenrente.

Maßstab für die Höhe der Witwenrente sind die Ansprüche, die der verstorbene Ehepartner zuletzt auf eigene Rente hatte. Der Hinterbliebene, egal ob Witwe oder Witwer, bekommt davon in den ersten drei Monaten nach dem Tod 100 Prozent (Sterbevierteljahr). Der Anspruch auf Witwenrente besteht, wenn der Verstorbene die Wartezeit von fünf Jahren erfüllt oder bereits eine Rente bezogen hat.

Heiratet die Witwe bzw. der Witwer wieder, fällt die Rente weg; es besteht dann jedoch Anspruch auf Witwenrentenabfindung. Die Abfindung beträgt das 24-fache der durchschnittlichen monatlichen Witwenrente, die in den letzten 12 Kalendermonaten gezahlt wurde. Bei allen Ehen, die nach dem 31. Dezember 2001 geschlossen wurden, sowie bei denen beide Ehegatten nach dem 1. Januar 1962 geboren sind (so genannte Neu-Ehen), wird die Abfindung um die bislang bezogene kleine Witwenrente gemindert.

Kleine Witwenrente

Witwen unter 45 Jahre, die keine Kinder erziehen, nicht arbeiten und auch nicht erwerbsgemindert sind, haben grundsätzlich nur Anspruch auf eine kleine Witwenrente von 25 Prozent der Ansprüche des verstorbenen Ehemanns. Sie wird bei Ehen ab 2002 maximal für zwei Jahre nach dem Tod des Versicherten gezahlt, ansonsten unbegrenzt. Grund: Der Gesetzgeber geht davon aus, dass diese Witwen oder Witwer trotz des Todes ihres Ehepartners noch in der Lage sind, für ihren Lebensunterhalt auf Dauer selbst zu sorgen. Bei älteren Ehen gibt es eine solche Beschränkung nicht.

Große Witwenrente

Eine große Witwenrente wird immer dann gezahlt, wenn die Witwe

- das 45. Lebensjahr vollendet hat oder
- ein Kind unter 18 Jahren erzieht (bei Versorgung von behinderten Kindern auch nach deren 18. Lebensjahr) oder
- erwerbsgemindert ist.

Eigenes Einkommen wird bei der Hinterbliebenenrente angerechnet

Auch innerhalb der großen Witwenrente gibt es Abstufungen: Hinterbliebene aus so genannten Alt-Ehen (bis 2001) bekommen 60 Prozent, jüngere nur 55 Prozent (Hochzeit ab 2002). Haben Hinterbliebene eigenes Einkommen, so wird das auf die Witwenrente angerechnet, wenn ein bestimmter Freibetrag (netto) überschritten ist. Der beträgt im Osten 606 Euro, im Westen 689 Euro. Der die Freibeträge übersteigende Einkommensbetrag wird zu 40 Prozent auf die Rente angerechnet. Für jedes Kind erhöht sich der Freibetrag um 146 Euro (West) bzw. 128 Euro (Ost).

Welches Einkommen angerechnet wird

- Erwerbs- und so genannte Erwerbsersatzeinkommen (eigene Renten, Arbeitslosengeld, Krankengeld usw.) unter Berücksichtigung dynamischer Freibeträge
- Vermögenseinkommen (z. B. Kapitalvermögen, Einnahmen aus Vermietung und Verpachtung, Gewinne aus Spekulationsgeschäften)
- Betriebsrenten
- Krankengeld eines privaten Krankenversicherungsunternehmens
- Zusatzrente öffentlich-rechtlicher Versorgungseinrichtungen
- Rente aus Lebens- und Berufsunfähigkeitsversicherungen[1]
- Private Unfallrente oder sonstige private Versorgungsrenten[1]

[1]nur bei Todesfällen und Hochzeit ab 2002 bzw. Hochzeit vor 2002 und Geburt beider Gatten nach dem 1. Januar 1962

Beispiel

Eine Witwe aus Dresden erhält 60 Prozent der Ansprüche ihres verstorbenen Mannes, zum Beispiel 1.400 Euro netto. Die Kinder sind längst aus dem Haus. Die Frau selbst verdient als Anwaltsgehilfin 1.200 Euro netto. Von ihrem eigenen Einkommen bleiben besagte 606 Euro netto für die Rente anrechnungsfrei. Also werden 594 Euro netto auf die Witwenrente angerechnet (zu 40 Prozent). Demnach wird die Witwenrente um 237,40 Euro gekürzt. Die Frau erhält neben ihrem vollen Gehalt 1.162,60 Euro Nettorente.

Dauer der Ehe wichtig

Wer erst nach dem 1.1.2002 geheiratet hat, bekommt Hinterbliebenenrente nur, wenn die Ehe mindestens ein Jahr bestanden hat. Damit sollen so genannte Versorger-Ehen ausgeschlossen werden, die nur eingegangen werden, um einen Ehepartner finanziell abzusichern. Betroffene haben aber die Chance, diese Vermutung zumindest zu widerlegen und doch Rente zu bekommen, wenn

- es sich um einen Unfalltod handelt,
- ein Verbrechen vorliegt oder
- gemeinsame Kinder vorhanden sind.

Keine Witwenrente bei Unverheirateten und eingetragenen Lebensgemeinschaften

Auch eine lange eheähnliche Gemeinschaft vor der Ehe und eine eigene Rente der Witwe widerlegt die Vermutung auf eine Versorger-Ehe (Sozialgericht Würzburg, Az. S 8 RJ 697 – 02). Unverheiratete Paare und sogar Partner eingetragener Lebenspartnerschaften haben dagegen – so entschied 2004 das Bundessozialgericht – generell keinen Anspruch auf Witwenrente (Az. B 4 RA 29/03).

So stellen Sie den Antrag

Fristen wahren

Stellen Sie den Antrag auf Witwen- bzw. Waisenrente beim Rentenversicherungsträger des verstorbenen Ehepartners bzw. Elternteil rechtzeitig, da die Rente höchstens für 12 Monate nachgezahlt wird. War der verstorbene Ehegatte bereits Rentenbezieher, kann die Witwe oder der Witwer innerhalb von 30 Tagen nach dem Tode beim zuständigen Rentenservice der Deutschen Post AG einen Vorschuss auf das Sterbevierteljahr beantragen (Vordruck hierfür ist beim Postamt erhältlich). Der Antrag auf Zahlung des Vorschusses gilt zwar prinzipiell auch als Rentenantrag. Dieser sollte aber sicherheitshalber nochmals eigenständig gestellt werden.

Falls die Frist bei der Post fast schon verstrichen ist, hilft zunächst ein formloser Brief, um die Ansprüche zu wahren (Musterbrief ››› Seite 156). Ein Einschreiben mit Rückschein ist sinnvoll (kostet 3,85 Euro; Stand: 2005)

Musterbrief

Rente im Sterbevierteljahr

Rentenservice der Deutschen Post AG
Regionale Adresse*

Meldung des Todes des Ehepartners/ Antrag auf Rente im Sterbevierteljahr / Versicherungsnummer des Verstorbenen ...

Sehr geehrte Damen und Herren,

hiermit teile ich Ihnen mit, dass mein Ehepartner ...., geb. ...., am .... verstorben ist.

Als Witwe steht mir Hinterbliebenenrente zu (siehe Kopie meines Ausweises, beider Geburtsurkunden, unserer Heirats- und seiner Sterbeurkunde in der Anlage).

Bitte überweisen Sie eine Vorschusszahlung in Höhe von drei Monatsrenten auf das bisherige Konto ...., bei der .... bank (BLZ ....).

Mit freundlichen Grüßen

** Das Formular kann im Internet herunter geladen werden (4 Seiten). Es enthält die Adressen der aktuell sieben regionalen Stellen des Rentenservice (www.deutschepost.de/dpag?check=yes&lang=de_DE&xmlFile=100001195)*

Für Witwen- und Waisenrente schickt Ihnen der Rentenversicherungsträger ein umfangreiches Formular zu, das Sie auch aus dem Internet herunter laden können (www.lva.de). Sie müssen es ausfüllen und die geforderten Unterlagen beschaffen. Es geht kein Geld verloren, wenn der Antrag innerhalb eines Jahres nach dem Todesfall gestellt wird: Das Geld wird rückwirkend voll überwiesen.

Widerspruch gegen Bescheid

Ist die Rente laut Bescheid eindeutig zu gering oder haben sie Zweifel, legen Sie am besten schriftlich Widerspruch ein. Dazu besteht nur einen Monat nach Eingang des Bescheids Gelegenheit. In krassen Fällen sollten Sie einen Rentenexperten nachrechnen lassen. Kostenlose Hilfe für Mitglieder bieten Gewerkschaften oder der Verband der Kriegsopfer und Sozialrentner (VdK). Die Rentenversicherungsträger bieten kostenlose Beratung über ihre „Versichertenältesten" an. Rechtsanwälte überlassen Rentensachen meist privaten Rentenberatern, die von der komplizierten Materie am meisten verstehen (Adresse ››› Seite 201), aber Beratungshonorar nehmen (bis zu 180 Euro für die Erstberatung). Die können Ihnen nach Durchsicht der Unterlagen auf alle Fälle sagen, ob ein Widerspruch gegen den Rentenbescheid lohnt. Legen Sie Widerspruch ein, muss der Rentenversicherungsträger Gelegenheit bekommen, seine eigene Entscheidung noch einmal zu überprüfen. Das heißt: Bevor Sie klagen können, müssen Sie gegen den Rentenbescheid Widerspruch einlegen (siehe Musterbrief).

Musterbrief

Widerspruch gegen Rentenbescheid

Rentenversicherungsträger ...

Ort, Datum

Rentenbescheid vom ... / Versicherungsnummer ....

Sehr geehrte Damen und Herren,

hiermit lege ich Widerspruch gegen den oben näher bezeichneten Rentenbescheid ein, der mir am .... zugegangen ist.

Soweit ich dies überblicke, haben Sie nicht alle Beitragszeiten meines verstorbenen Gatten berücksichtigt. Außerdem verstehe ich folgende Angaben nicht:

....

Bitte berechnen Sie den Anspruch neu und überweisen den Fehlbetrag zusätzlich auf mein Konto ....

Mit freundlichen Grüßen

Klage beim Sozialgericht erst nach Widerspruchsverfahren möglich

Eine Widerspruchsstelle bei den Rentenversicherungsträgern prüft den angefochtenen Bescheid. Sie ist aber nicht wirklich unabhängig. Beispiel BfA: Hier überprüft der Widerspruchsausschuss, der sich aus Vertretern der Selbstverwaltung (Arbeitgeber und Arbeitnehmer) und der BfA-Verwaltung zusammensetzt, den Rentenbescheid.

Hatte Ihr Widerspruch Erfolg, steht Ihnen neben der höheren Rente die Erstattung aller notwendigen Aufwendungen (samt Anwalt oder Rentenberater) zu. Brachte der Widerspruch nichts ein, obwohl Sie sich benachteiligt fühlen, können Sie vors Sozialgericht ziehen.
Die Klage muss spätestens einen Monat, nachdem Sie den Widerspruchsbescheid erhalten haben, eingereicht werden.

Weitere sozialrechtliche Ansprüche

Es besteht kein rechtlicher Anspruch

Mitunter gibt es neben Renten und finanziellen Beihilfen des Arbeitgebers auch Sterbegeld von Institutionen. Tendenziell nimmt diese Leistung immer weiter ab, weil praktisch alle Institutionen unter chronischem Geldmangel leiden. Falls die zuständigen Gremien das Sterbegeld streichen, können Mitglieder nichts dagegen tun.

Sterbegeld von der Gewerkschaft, von Parteien und Stiftungen

Nicht alle Einzelgewerkschaften zahlen Sterbegeld. Falls eine Beihilfe vorgesehen ist, so gibt es die nur bei Tod des Gewerkschaftsmitglieds, nicht aber, wenn ein Angehöriger stirbt. Je nach Satzung der Einzelgewerkschaft gibt es Sterbegeld in unterschiedlicher Höhe, die allerdings selten 300 Euro übersteigt. Einige Beispiele (Stand: 1. November 2004):

- Christliche Gewerkschaft Postservice und Telekommunikation (CGPT): Für alle Beitragsgruppen wird, gestaffelt nach Beitragsjahren, bis zum Höchstbetrag von derzeit 300 Euro Sterbegeld bezahlt.
- Christliche Gewerkschaft Deutscher Eisenbahner (CGDE): Das Sterbegeld beträgt das 15fache eines Monatsbeitrages.
- Gewerkschaft der Polizei (GdP): Sterbegeld kann gezahlt werden bei Tod des Mitgliedes sowie bei Tod des Ehepartners. Die GdP zahlt pro Sterbefall bis zu 410 Euro.
- Kraftfahrergewerkschaft: Das Sterbegeld beträgt das 15fache vom Monatsbeitrag. Der Mindestbetrag beläuft sich auf 66,50 Euro.
- IG Metall: Das Sterbegeld errechnet sich aus Monatsbeitrag und Dauer der Mitgliedschaft – vom 15fachen bis höchstens dem 31,5fache der maßgebenden Beiträge.

Parteien und Stiftungen gewähren mitunter ebenfalls Sterbegeld, wenn das Statut bzw. die Satzung dies so vorsehen. Angehörige von verstorbenen Parteimitgliedern wenden sich am besten an den jeweiligen Ortsverband oder an den Parteivorstand.

Bestattungsgeld nach dem Bundesversorgungsgesetz

Wenn ein Angehöriger beim Wehr- oder Zivildienst, durch eine Gewalttat oder durch einen Impfschaden ums Leben gekommen ist, zahlt das zuständige Versorgungsamt Sterbegeld in Höhe des Dreifachen der monatlichen Versorgungsbezüge des Verstorbenen (§ 37 Bundesversorgungsgesetz). Hatte der Verstorbene bereits Anspruch auf Rente, bekommen dessen Hinterbliebene dagegen Bestattungsgeld in Höhe von 1.498 Euro (West) und 1.317 Euro im Osten (§ 36).

Sterbegeld für Hinterbliebene von Beamten

Witwengeld für hinterbliebene Ehegatten, Waisengeld für Waisen und Halbwaisen

Wie in der gesetzlichen Rentenversicherung erstreckt sich auch die Beamtenversorgung auf die Familienangehörigen. Zur Hinterbliebenenversorgung gehören die

- Bezüge für den Sterbemonat,
- das Sterbegeld in Höhe der Pension,
- das Witwen- und Witwergeld,
- das Waisengeld
- und die Unterhaltsbeiträge.

Das Witwengeld beträgt 55 Prozent des Ruhegehalts, das der Verstorbene erhalten hat oder hätte erhalten können, wenn er am Todestag in den Ruhestand getreten wäre. 60 Prozent bekommen Witwen, wenn die Ehe vor dem 31. Dezember 2001 geschlossen wurde und ein Ehepartner vor dem 2. Januar 1962 geboren ist.

Waisengeld erhalten Kinder von verstorbenen Beamten auf Lebenszeit sowie von verstorbenen Ruhestandsbeamten. Es gibt 12 Prozent des Ruhegehaltes des Verstorbenen für Halbwaisen, 20 Prozent für Vollwaisen. Der Anspruch auf Waisengeld erlischt mit dem Ende des Monats, in dem die Waise das 18. Lebensjahr vollendet oder stirbt. Auf Antrag wird es bis 27 oder auch darüber hinaus gezahlt. Die Gründe sind wie beim Kindergeld: Ausbildung, Wehr- oder Zivildienst, Studium, Behinderung. Eigenes Einkommen wird unter bestimmten Voraussetzungen angerechnet.

Private Versicherungen

Lebens- und Unfallversicherer schnell benachrichtigen

Wichtig

Grundsätzlich müssen Sie überprüfen, welche Versicherungen der Verstorbene abgeschlossen hatte. Zum einen können Sie unter Umständen Leistungen erhalten, zum anderen müssen Sie überlegen, was mit sonstigen Verträgen zu tun ist.

Hatte der Verstorbene noch in eine Kapitallebensversicherung eingezahlt, erhält nach dem Tod der im Vertrag genannte „Begünstigte“ oder „Bezugsberechtigte“ die volle Versicherungssumme sowie alle bis dahin erwirtschafteten Überschüsse des Versicherers ausgezahlt.

Um an diese Ablaufleistung zu kommen, muss der Todesfall unverzüglich dem Versicherer gemeldet werden. Im Vertrag wird häufig gefordert, die Meldung „innerhalb von 48 Stunden nach Eintritt des Todesfalls“ abzugeben. Diese Forderung sollten Angehörige ernst nehmen, wie die Stiftung Warentest feststellte. Melden sich die Angehörigen später, „kann sich der Versicherer im schlimmsten Fall weigern, die Todesfallsumme zu zahlen“. Ob er allerdings damit vor Gericht durchkäme, ist fraglich.

Bevor es an die Auszahlung geht, will der Versicherer den Versicherungsschein im Original (machen Sie sich vorher unbedingt eine Kopie!) und die Sterbeurkunde haben, mitunter auch die letzte Beitragsquittung (Kontoauszug). Bei Versicherungen, die ohne Gesundheitsprüfung abgeschlossen wurden, wird zudem der Nachweis der Todesursache verlangt. Dazu genügt meist eine Kopie des Totenscheins, in seltenen Fällen ein ausführliches ärztliches Zeugnis über Todesursache, Beginn und Verlauf einer Krankheit, falls die zum Tode geführt hat.

Meist werden Sie kurze Zeit später vom Versicherer angeschrieben und nach den Zahlungsmodalitäten gefragt (››› Seite 161). Das Geld erhält der Bezugsberechtigte, der nicht unbedingt zu den Erben gehören muss (z. B. ein guter Freund) und in diesem Falle auch nicht zur Bezahlung der Bestattung verpflichtet werden kann. Ist kein Bezugsberechtigter im Vertrag genannt, fällt die Summe in das Erbe.

War im Vertrag doppelte Leistung bei Unfalltod vereinbart, so gibt es die doppelte Versicherungssumme nach einem tödlichen Unfall, egal ob er im Beruf oder der Freizeit passiert ist.

So wird die Kapital-Versicherung ausgezahlt

- Die Kapitallebensversicherung wird jetzt samt Überschüssen ausgezahlt (bei Abschluss vor 2005 sind Erträge steuerfrei, bei Abschluss ab 2005 nur noch zur Hälfte – und auch dies nur, wenn im Vertrag mindestens 12 Jahre Laufzeit vereinbart sind und die Police frühestens mit 60 endet).
- Bei der privaten Rentenversicherung gilt dasselbe. Stirbt der Versicherte vor Beginn des Rentenalters, so erhalten die Erben alle bis dahin eingezahlten Beiträge samt Gewinnanteilen, bei Tod nach Beginn des Rentenalters die volle monatliche Rente für die vertraglich vereinbarte Rentengarantiezeit.
- Die Risikolebensversicherung zahlt den vollen Betrag steuerfrei, falls der Tod vor Ablauf der Versicherung eintritt.
- Bei anderen Kapital-Policen, etwa einer Unfallversicherung mit Prämienrückgewähr, wird das Geld an den Begünstigten ausgezahlt (bei Abschluss vor 2005 sind Erträge steuerfrei).
- Bei einer privaten Unfallversicherung gilt: Starb der Kunde innerhalb eines Jahres an den Unfallfolgen, erhalten die Hinterbliebenen die für den Todesfall vereinbarte Versicherungssumme.

Achtung!

Die Steuerfreiheit der Auszahlung ist trügerisch, denn es wird Erbschaftsteuer fällig, falls die Freibeträge überschritten werden (»» „Steuerliche Folgen“, Seite 178).

Wenn eine Sterbegeldversicherung bestand

Hatte der Verstorbene eine Sterbegeldversicherung (»» Seite 40 f.) abgeschlossen, besteht im Todesfall Anspruch auf sofortige Auszahlung des Sterbegeldes. Hinterbliebene können dem Bestatter eine Vollmacht ausstellen; dann zieht der das Geld ein und verrechnet den Betrag mit seinen Bestattungsleistungen.

Andere Versicherungen ändern oder kündigen

Ob ein Vertrag gekündigt werden muss oder nicht: Auf jeden Fall ist die Versicherung über den Todesfall zu informieren. Fällt mit dem Tod des Versicherten die „versicherte Gefahr" weg – wie etwa bei Lebens- und Krankenversicherungen – endet die Police automatisch. Ist nicht die Person, sondern die Sache versichert – wie beim Auto, beim Hausrat oder beim Haus – endet sie nicht automatisch.

Autoversicherung

Der Vertrag läuft zugunsten des Erben weiter, solange dieser das versicherte Fahrzeug behält. Die Prämien werden eventuell angepasst, falls der neue Fahrer nicht den gleichen Schadenfreiheitsrabatt wie der Verstorbene geltend machen kann. In manchen Fällen kann der Erbe in die Schadenfreiheitsklasse des Verstorbenen eintreten: Erkundigen Sie sich. Wird das Auto stillgelegt, endet der Vertrag automatisch. Die Abmeldebestätigung der Zulassungsstelle muss dem Versicherer vorher ausgehändigt werden. Wird das Fahrzeug verkauft, muss der Vertrag ebenfalls nicht extra gekündigt werden. Es genügt eine Mitteilung über den Verkauf des Fahrzeugs, die zusammen mit der Abmeldebescheinigung und dem Kaufvertrag beim Versicherer eingereicht wird.

Krankenversicherung

Fristen beachten, damit der Versicherungsschutz nicht verloren geht

War der Verstorbene gesetzlich krankenversichert und der überlebende Ehepartner bzw. Kinder kostenlos mitversichert (Familienversicherung), so bleiben sie nach dem Tod des Kassenmitglieds nur noch vier Wochen geschützt. Sie müssen sich um eine eigene Mitgliedschaft in einer Krankenkasse ihrer Wahl kümmern. Falls die Witwe/der Witwer selbst Mitglied einer Krankenkasse ist, ändert sich nichts. Bei privaten Krankenversicherungen endet der Vertrag mit dem Tod des Versicherten.

Privathaftpflichtversicherung

Normalerweise erlischt sie mit dem Tod des Versicherten, besteht als Familienversicherung allerdings noch bis zur nächsten fälligen Beitragszahlung weiter. Soll der Vertrag weitergeführt werden, muss der Hinterbliebene nur den fälligen Beitrag zahlen – schon ist er Versicherungsnehmer.

Eine Hausratversicherung erlischt zwei Monate nach Tod des Versicherten. Wer den Haushalt des Versicherten unverändert übernimmt, steigt auch in den Vertrag ein und muss ihn fortsetzen. Nutzen Erben die Wohnung gar nicht weiter, endet der Vertrag binnen zwei Monaten.

Wohngebäudeversicherung

Die Versicherung geht auf den Erben über und besteht bis zur nächsten Fälligkeit fort. Erben haben ab Eintrag ins Grundbuch einen Monat lang ein außerordentliches Kündigungsrecht.

Rechtsschutzversicherung

Sie endet beim nächsten fälligen Beitrag. Es sei denn, er wird von Angehörigen bezahlt; dann treten sie in den Vertrag ein.

Lebensversicherung: Als Kapital oder Rente?

Lebensversicherungen sollen die Hinterbliebenen in ihrem weiteren Leben vor den größten finanziellen Sorgen bewahren. Die Gesamtsumme wird auf einen Schlag ausbezahlt (Kapitalabfindung) – bei Policen, die vor 2005 abgeschlossen wurden: steuerfrei. Häufig bieten Versicherer dann an, das Geld in eine sofort beginnende private Rentenversicherung einzuzahlen. Hier ist Vorsicht geboten, da monatlich nur kleine Teilbeträge, häufig 200 bis 300 Euro, ausgezahlt werden. Dies gilt lebenslang und ist unumstößlich. Außergewöhnlich hohe Ausgaben lassen sich so nicht bezahlen. Zudem wird bei der Verrentung Einkommensteuer fällig. Wer mit 65 Jahren die erste Auszahlung aus einem privaten Rentenvertrag erhält, muss 18 Prozent der Summe versteuern. Dieser Satz variiert je nach dem Alter, in dem die erste Zahlung erfolgt.

So werden private Renten ab 2005 besteuert

Rentenbeginn ab	Ertragsanteil
60–61	22 %
62	21 %
63	20 %
64	19 %
65–66	18 %
67	17 %
68	16 %

Quellen: § 22 Einkommensteuergesetz/ Alterseinkünftegesetz

Um möglichst lange gut von der Lebensversicherung leben zu können, kann die Witwe/der Witwer das Geld auch in Investmentfonds investieren, weil die in der Regel höhere Rendite bringen und sie an keinerlei Laufzeit gebunden sind. Sie können zudem völlig individuelle Auszahlpläne vereinbaren.

Checkliste: Was passiert mit den bestehenden Versicherungen?

Lebens- und Unfallversicherung:

- [ ] Binnen 48 Stunden Versicherer informieren
- [ ] Kapital- oder Rentenzahlung klären

Sterbegeldversicherung:

- [ ] Auszahlen lassen?
- [ ] Auf Bestatter übertragen?

Autoversicherung

- [ ] Erbe erbt Vertrag, muss fortgesetzt werden
- [ ] Bei Stilllegung: Vertrag endet sofort
- [ ] Bei Verkauf: Vertrag endet sofort

Krankenversicherung

- [ ] Private endet mit Tod des Versicherten: Mitversicherte können Vertrag fortsetzen (zwei Monate nach Tod erklären)
- [ ] Gesetzliche Familienversicherung endet mit Tod (innerhalb vier Wochen neue Versicherung abschließen)

Privathaftpflicht

- [ ] Durch Beitragzahlung Vertrag fortsetzen
- [ ] Endet sonst nach dem nächsten fälligen Beitrag

Hausratversicherung

- [ ] Erlischt zwei Monate nach Tod des Versicherten
- [ ] Angehörige übernehmen Wohnung: Vertrag kann fortgesetzt werden
- [ ] Bei Auszug: sofortige Kündigung des Vertrags möglich

Wohngebäude-Versicherung:

- [ ] Wenn kein Verkauf: weiterführen
- [ ] Bei Verkauf: außerordentliche Kündigung, Jahresbeitrag wird erstattet
- [ ] Noch Hypothek auf Haus: Kreditgeber muss Versichererwechsel billigen

Berufsunfähigkeits-, private Zusatzkranken- und -pflegeversicherung:

- [ ] Endet mit Tod; formlos kündigen

Rechtsschutzversicherung

- [ ] Endet mit dem nächsten fälligen Beitrag

Mitgliedschaften, Abos und Ähnliches

Nach dem Todesfall sollten Angehörige alle Verträge prüfen und gegebenenfalls kündigen. Außerdem steht die Auflösung von Mitgliedschaften in Verbänden und Vereinen an. Und nicht zuletzt die Abonnements von Zeitschriften, Büchern, Münzen, Briefmarken usw. sollten kritisch durchforstet werden.

Verschaffen Sie sich zunächst aus den Unterlagen des Verstorbenen einen Überblick über bestehende Verträge, Mitgliedschaften und Abonnements. Sortieren Sie dabei zwei Stapel: einen für alles, was weitergeführt werden soll; den anderen mit allen Vereinbarungen, die gekündigt werden können. Die Checkliste auf der folgenden Seite soll Ihnen Anregungen geben, an was alles zu denken ist. Notieren Sie sich auch die Mitglieds- bzw. Vertragsnummer.

In aller Regel kann die Mitgliedschaft in Vereinen, Verbänden und Parteien im Todesfall außerordentlich gekündigt werden. Und zwar mit sofortiger Wirkung.

Schicken Sie einfach ein formloses Kündigungsschreiben an den Vertragspartner und geben möglichst die Mitgliedsnummer an. Widerrufen Sie im Kündigungsschreiben bisherige Daueraufträge und Einzugsermächtigungen. Bitten Sie darum, schon gezahlte Beiträge anteilig zurückerstattet zu erhalten und geben dafür Ihre Kontoverbindung an. Allerdings gibt es nicht immer den anteiligen Jahresbeitrag zurück, den der Verstorbene nicht mehr „verbrauchen“ konnte. Versuchen sollten Sie es dennoch.

Bei Verträgen, die Sie weiterführen wollen, informieren Sie die entsprechenden Stellen darüber, wer in den bestehenden Vertrag eintritt.

Beispiel

Die Mitgliedschaft im ADAC wird laut Satzung zum Ende des Monats beendet, in welchem das ADAC-Mitglied verstorben ist. Wird kein Sterbedatum mitgeteilt, endet sie zum Ende des Monats, in welchem der Club vom Tod erfahren hat. Auf Antrag der Erben wird nicht verbrauchter Beitrag monatsweise erstattet.

Checkliste: Mitgliedschaften und Verträge des Verstorbenen

	Name	
☐ Sportverein		Mitglieds-Nr.
☐ Tierschutzverein		Mitglieds-Nr.
☐ Umweltschutzverband		Mitglieds-Nr.
☐ Mieterverein		Mitglieds-Nr.
☐ Partei		Mitglieds-Nr.
☐ Automobilclub		Mitglieds-Nr.
☐ Gewerkschaft		Mitglieds-Nr.
☐ Berufsverband		Mitglieds-Nr.
☐ Buchclub		Mitglieds-Nr.
☐ Dauerlotterie		Mitglieds-Nr.
☐ Tageszeitung		Abo-Nr.
☐ Wochenzeitung		Abo-Nr.
☐ Zeitschrift		Abo-Nr.
☐ GEZ		Kunden-Nr.
☐ Kabelanschluss		Kunden-Nr.
☐ Pay-TV		Kunden-Nr.
☐ Telefon		Kunden-Nr.
☐ Mietgeräte		Kunden-Nr.
☐ Internet		Kunden-Nr.
☐ Netz-Anbieter Handy		Kunden-Nr.
☐ Fitness-Studio		Kunden-Nr.
☐ Briefmarken/Münzen		Kunden-Nr.
☐ Sonstige		Kunden-Nr.
☐ Sonstige		Kunden-Nr.
☐ Sonstige		Kunden-Nr.
☐ Sonstige		Kunden-Nr.

Haus und Wohnung

Neben oder nach all dem „Papierkram“, den Sie als Hinterbliebener zu erledigen haben, muss unter Umständen auch noch die Wohnung des Toten gekündigt und aufgelöst oder gar ein Haus verkauft werden. Das kann psychisch äußerst belastend sein, da das Heim des Verstorbenen vielleicht mit dem eigenen Leben eng verknüpft oder zumindest mit schönen Erinnerungen verbunden ist. Außerdem kommt viel organisatorische Arbeit auf Sie zu.

Tod im Pflegeheim

Das Heimgesetz lässt Vereinbarungen mit dem Pflegebedürftigen zu, über den Todestag hinaus Entgeltbestandteile für Wohnraum und Investitionskosten bis zu zwei Wochen nach dem Sterbetag zu berechnen.
An solch einem Vergütungsanspruch beteiligt sich die Pflegekasse nicht.

Wie es mit der Mietwohnung weitergeht

Stirbt ein Mieter, endet nicht automatisch der Mietvertrag. Damit schützt der Gesetzgeber in erster Linie Partner (auch eingetragene Lebenspartner) davor, „auf die Straße gesetzt“ zu werden: Sie treten nach dem Tod des Mieters in den Mietvertrag ein. Will der Partner den Mietvertrag nicht fortsetzen, geht er auf Kinder, andere Familienmitglieder bzw. weitere Personen über, mit denen der Verstorbene vor seinem Tod auf Dauer zusammen lebte. (Reine Wirtschafts- und Wohngemeinschaften fallen nicht unter diese Regelung.) Der Vermieter kann einem dieser Angehörigen nur dann kündigen, wenn derjenige dafür einen wichtigen Grund liefert (§ 563 Absatz 4 BGB), etwa vorbestraft ist. Der Vermieter muss in diesem Fall innerhalb eines Monats, nachdem der Betreffende in den Mietvertrag eingetreten ist, kündigen.

Allerdings werden Angehörige auch nicht gezwungen, das Mietverhältnis fortzusetzen: Sie haben innerhalb eines Monats, nachdem sie vom Tod des Mieters erfahren haben, das Recht auf Sonderkündigung. Handelt es sich um mehrere Personen, sollte jeder eine eigene Erklärung abgeben.

Bei allein stehenden Mietern geht das Mietverhältnis auf den bzw. die Erben über. Lebt der Erbe nicht im Haushalt des verstorbenen Mieters, haben sowohl der Vermieter als auch der Mieter ein Sonderkündigungsrecht. Beide können innerhalb eines Monats, nachdem sie vom Tod des Mieters Kenntnis erlangt haben, außerordentlich mit der gesetzlichen Frist kündigen (mindestens drei Monate nach § 573c Absatz 1 BGB), soweit niemand in das Mietverhältnis eingetreten ist oder das Mietverhältnis nicht fortgesetzt wird.

Was beim Tod eines Eigentümers wichtig ist

Mitbewohner können Ärger mit dem Erben bekommen

Hat der Verstorbene in einer Eigentumswohnung oder dem eigenen Haus gelebt, so fällt die Wohnung in das Erbe. War der überlebende Ehegatte Miteigentümer, so kann er wohnen bleiben, muss aber gegebenenfalls später ausziehen, falls die Immobilie wegen Aufteilung des Erbes verkauft werden soll.

Wohnt noch ein Partner darin, dem das Wohneigentum nicht mitgehört, der aber erbt, kann er die Wohnung zunächst weiter nutzen, bis das Erbe geklärt ist. Er kann die Wohnung auch kaufen und auf sich umschreiben lassen (über einen Notar), falls für andere Erben noch genug sonstige Erbmasse da ist. Erbt der Partner nicht, etwa bei fehlendem Testament bei unverheirateten Paaren, kann er nur mit gutem Willen der Erben einen Mietvertrag erhalten und wohnen bleiben.

War die Immobilie dagegen vermietet, ändert sich für die Erben nichts. Sie können das Wohneigentum verkaufen oder auf einen anderen Angehörigen umschreiben, doch den bisherigen Mieter können sie nicht zum Auszug zwingen (außer bei einer Einliegerwohnung). Denn: Kauf bricht nicht Miete!

Erben brauchen zum Verkauf bzw. zur Umschreibung einer Immobilie den Erbschein bzw. das Testament. Damit gehen Sie zum Notar (Grundstücksgeschäfte müssen immer von einem Notar beurkundet werden), der sich dann mit dem Grundbuchamt in Verbindung setzt. Übrigens: Im Todesfall sollten Angehörige den Hausverwalter einer Wohneigentumsanlage informieren.

Hatte der Verstorbene das Erbe vorgezogen und schon zu Lebzeiten die Wohnung oder das Haus überschrieben, ist dies für einen Ehepartner optimal: Ehebedingte Zuwendungen im Zusammenhang mit dem Familienwohnheim bleiben von der Schenkungsteuer unbehelligt. Dies gilt für jegliches selbst genutztes Wohneigentum, also auch für Eigentumswohnungen. Bei Immobilienübernahme nach dem Tod ist dagegen je nach Höhe des Gesamterbes Erbschaftsteuer fällig (››› Seite 180).

Wenn das Grundstück noch nicht schuldenfrei ist

Hypothekendarlehen laufen häufig über knapp 30 Jahre. Stirbt der Wohneigentümer vorher und die Erben schlagen die Erbschaft nicht aus, erben Sie auch diese Schulden. Grundstückskredite müssen weiter bedient werden. Bleibt der Ehepartner Eigentümer, zahlt er die Raten weiter. Wird das Grundstück im Zuge der Erbregelungen verkauft, kann der Kredit vorzeitig gekündigt werden. Dabei gilt meist eine Kündigungsfrist von drei Monaten. Die Restschuld muss spätestens zwei Wochen nach dem Kündigungstermin zurückgezahlt sein. Allerdings wird das teurer, als wenn der Kredit erst regulär zum Ende der nächsten Zinsbindungsfrist (Termin steht im Vertrag) gekündigt würde: Die Bank kann eine so genannte Vorfälligkeitsentschädigung für den entgangenen Zinsgewinn verlangen. Lediglich Darlehen mit variablem Zins können verlustfrei gekündigt werden. Gute Karten haben Sie, wenn im Darlehensvertrag mit der Bank vereinbart ist, dass bei Tod des Kreditnehmers die Erben den Vertrag kündigen und die fällige Restschuld ohne Vorfälligkeitsentschädigung zurückzahlen können.

Vorfälligkeitsentschädigung kann vorzeitige Kündigung des Kredits teuer machen

Erbrechtliche Folgen

Was Erben berücksichtigen müssen, kann im Einzelfall sehr kompliziert sein, zumal es leider immer wieder Streitigkeiten um das Erbe gibt. Bei Bedarf sollten Sie sich bei einem spezialisierten Rechtsanwalt oder Notar beraten lassen und/oder sich über Ratgeber, die das Thema vertieft darstellen, informieren. Im Folgenden können nur einige Grundgedanken dargestellt werden.

Wann ein Erbschein nötig ist

Ein öffentliches Testament ersetzt meist den Erbschein

Wer geerbt hat, muss seine Ansprüche gegenüber Behörden und Institutionen nachweisen, braucht also einen Erbschein. Ausnahme: Es existiert ein öffentliches Testament. Dies ersetzt meist den Erbschein. Den Erbschein bekommt man beim Nachlassgericht (in der Regel das Amtsgericht des letzten Wohnortes des Verstorbenen). Die Gebühren hängen vom Wert des Erbes ab. Wer einen Erbschein beantragt, ist an keine besondere Form gebunden. Der Antrag kann sogar mündlich gestellt werden. Das Gericht prüft die Angaben und kann eine eidesstattliche Erklärung verlangen. Den Erbschein kann nur der Haupterbe beantragen; aus Kostengründen kann er gleich mehrere Exemplare eines gemeinschaftlichen Erbscheins für die Miterben besorgen. Wer nur einen Pflichtteil oder ein Vermächtnis beansprucht, erhält keinen Erbschein.

Was mit einem Testament passiert

Angehörige, die im Nachlass ein Testament finden, müssen es unverzüglich an das zuständige Nachlassgericht weiterleiten. Es kann auch per Post (am besten per Einschreiben mit Rückschein) geschickt werden; vorher empfiehlt es sich jedoch, beim Notar eine beglaubigte Kopie anfertigen zu lassen. Das Gericht prüft das Testament dann auf Auffälligkeiten und fordert den Besitzer auf, Ahnenforschung zu betreiben, insbesondere Geburts- und Sterbedaten von Kindern, Eltern und Enkeln aufzuführen, soweit sie ihm bekannt sind.

Das Testament wird vom Nachlassgericht „eröffnet“. Vorher werden mögliche andere Erben angeschrieben, ob gegen das Testament und die Erteilung eines Erbscheins an den Antragsteller Einwände bestehen. Einwände müssen innerhalb von zwei Wochen beim Gericht eingehen. Bei Einwänden werden die Betroffenen zur Testamentseröffnung geladen; ansonsten muss man nicht extra zum Gericht kommen. In diesem Fall sollten Betroffene einen auf Erbrecht spezialisierten Rechtsanwalt einschalten. Bei der Testamentseröffnung kann der Erbschein gleich mit beantragt werden.

Gesetzliche und testamentarische Erbfolge

Ohne Testament oder Erbvertrag tritt automatisch die gesetzliche Erbfolge ein. Mit Testament wird das Erbe vom Erblasser individuell festgelegt.

Wer als Erbe bestimmt ist, muss das Erbe nicht unbedingt antreten. Niemand kann Sie zwingen, beispielsweise Schulden zu erben. Dann müssen Sie die Erbschaft aber komplett ausschlagen. Dazu sind sechs Wochen Zeit, nachdem Sie vom Tod und der Erbschaft erfahren haben (bei Auslandsaufenthalt sogar sechs Monate). Entweder gehen Sie dann persönlich zum Nachlassgericht und geben die Erklärung dort mündlich ab (wird vom Gericht aufgeschrieben) oder Sie lassen Ihre Erklärung notariell beglaubigen (Kosten!) und dem Nachlassgericht zukommen.

Testamentsvollstrecker und Nachlasspfleger

Es kann vorkommen, dass im Testament des Verstorbenen eine Vertrauensperson als Testamentsvollstrecker benannt ist, um Streit zwischen den Erben zu vermeiden. Dann regelt dieser die Verteilung des Erbes: Er stellt das Inventar zusammen, löst Vermögenswerte auf und verteilt schließlich alles so unter die Erben, wie es der Verstorbene gewünscht hat (unter Berücksichtigung der Pflichtteile). Als Honorar erhält der Testamentsvollstrecker eine Vergütung, die entweder im Testament vorgeschrieben ist oder von der Erbmasse abgeleitet wird. Häufig wird das Honorar in der Praxis so geregelt:

- Für die ersten 10.000 Euro des Erbes gibt es vier Prozent,
- für die ersten 50.000 Euro drei Prozent,
- darüber hinaus bis 500.000 Euro zwei Prozent,
- für alles weitere ein Prozent als Vergütung.

Ein Nachlasspfleger wird vom Gericht bestimmt, wenn beim Tod eines Erblassers zunächst nicht bekannt ist, wer als Erbe in Frage kommt. Bis dies geklärt ist, kümmert er sich um die ordnungsgemäße Abwicklung des Nachlasses.

Familienangehörige können in aller Regel nicht enterbt werden. Die gesetzliche Erbfolge sichert einem bestimmten Personenkreis einen so genannten Pflichtteil zu, und zwar

- dem Ehegatten,
- den Abkömmlingen (Kindern und falls diese nicht mehr leben, deren Kindern),
- den Eltern, falls keine Abkömmlinge mehr leben,
- dem eingetragenen Lebenspartner.

Pflichtteilsberechtigte haben keinen Anspruch auf bestimmte Gegenstände, sondern auf die Geldsumme

Wenn jemand in der gesetzlichen Erbfolge – also ohne Testament – in den Genuss eines Erbteils gekommen wäre, steht ihm in Falle eines anders lautenden Testaments der Pflichtteil zu. Dann wird ermittelt, zu welcher Quote der Berechtigte erben würde, wenn die gesetzliche Erbfolge eintreten würde, und diese Summe muss dann halbiert werden. Diese Summe zahlen die Erben, wie sie im Testament benannt wurden, an den Pflichtteilsberechtigten aus. Für das Geltendmachen eines Pflichtteils sind drei Jahre Zeit, nachdem man vom Erbfall erfahren hat. Ein gänzliches Enterben etwa von unliebsamen Kindern ist nur im Ausnahmefall möglich, wenn der Betreffende sich „erbunwürdig" verhalten hat.

Erbvertrag

Nicht nur durch ein Testament kann der letzte Wille geregelt sein, sondern auch durch einen Erbvertrag. Das ist eine Vereinbarung zwischen dem Erblasser und mindestens einer anderen Personen, die nur unter ganz bestimmten Bedingungen einseitig geändert werden kann (››› Seite 32). Wer per Erbvertrag erbt, kann Schenkungen an Mitmenschen, die im Erbvertrag nicht bedacht sind, zurückverlangen, falls die Schenkung nicht eindeutig im Interesse des Schenkers lag (so genanntes lebzeitiges Eigeninteresse). Wurde zum Beispiel jemand eindeutig beschenkt, um den Erben zu benachteiligen, bestehen gute Chancen, die Schenkung nach dem Tod des Erblassers rückgängig zu machen.

Auflage und Vermächtnis

Im Testament können Verstorbene bestimmte Auflagen gemacht haben, unter denen das Erbe anzutreten ist. So kann ein Kind verpflichtet werden, das Grab zu pflegen. Die Auflage muss erfüllt werden, sofern sie nicht gegen die guten Sitten verstößt.

Verstorbene können zudem bestimmte Vermögensvorteile wie Geld, Wertsachen, einzelne Möbelstücke, Gemälde oder anderes gezielt einer Person „vermachen", die nicht zu den Erben gehört. Dieses Vermächtnis „beschwert" das Erbe: Der Begünstigte hat gegenüber den Erben einen gerichtlich durchsetzbaren Anspruch auf Erfüllung des Vermächtnisses. Der vermachte Gegenstand kann aus dem ungeteilten Nachlass vorab verlangt werden.

Erbe im Ausland

Wenn der Verstorbene Vermögen im Ausland, zum Beispiel ein Ferienhaus, eine Ferienwohnung, ein Mietshaus oder Grundstück im Ausland gekauft hatte, können unangenehme Überraschungen für die Erben programmiert sein. Für Auslandsimmobilien gilt zumeist ausländisches Recht. Hier gibt es unterschiedliche Prinzipien, etwa

- nach der Staatsangehörigkeit (Staatsangehörigkeitsprinzip),
- nach dem Wohnsitz (Domizilprinzip) oder
- nach dem Ort, wo sich der Nachlass befindet (Belegenheitsprinzip).

Die meisten Rechtsordnungen haben eine Kombination aus Belegenheits- und Domizilprinzip (Frankreich, Großbritannien, USA) gewählt, wobei für bewegliche Güter das Belegenheitsprinzip meist keine Rolle spielt (Nachlassspaltung).

Angehörige sollten im Todesfall auf jeden Fall einen auf internationales Privatrecht spezialisierten Rechtsanwalt einschalten. Lebte der Verstorbene vor seinem Tod ständig im Ausland und starb auch dort, so ist das Amtsgericht Berlin-Schöneberg zuständig (Adresse ››› Seite 201).

Beispiel

Jemand hinterlässt eine Eigentumswohnung in Paris, ein Reihenhaus in Augsburg sowie ein deutsches und französisches Bankguthaben. Da nach französischem Recht bewegliches Vermögen nach dem Recht des letzten Wohnorts, unbewegliches hingegen nach dem Recht des Aufenthaltes vererbt wird, wird die Wohnung in Paris nach französischem, der Rest nach deutschem Recht vererbt.

Steuerliche Folgen

Todesfallkosten steuerlich absetzen

Eine Beerdigung bringt außergewöhnliche finanzielle Belastungen

Vor allem, wenn der überlebende Ehepartner oder sonstige Erbe noch berufstätig ist, kann er einkommensabhängig einen Teil der Bestattungskosten in der Steuererklärung geltend machen. Allerdings nur, wenn die Begräbniskosten höher sind als der Nachlass. Zu den Begräbniskosten zählen

- Aufwendungen für die Überführung,
- die Bestattung,
- die übliche Trauerfeier (ohne Bewirtung),
- das angemessene Grabmal.

Trauerkleidung und Fahrtkosten werden nicht erstattet. Zudem gibt es eine zumutbare Eigenbelastung, die vom Jahreseinkommen des Erben bzw. seines Ehegatten und dem Familienstand abhängen. Nur Aufwendungen, die diesen Betrag übersteigen, erkennt der Fiskus als außergewöhnliche Belastung an. Und: Sie müssen unbedingt die Quittungen dafür sammeln und einreichen.

Zumutbare Eigenbelastungen

Zu versteuerndes Einkommen	bis zu 15.340 Euro	bis zu 51.130 Euro	über 51.130 Euro
Ledige ohne Kinder	5%	6%	7%
Verheiratete ohne Kinder	4%	5%	6%
mit 1 oder 2 Kindern	2%	3%	4%
mit 3 oder mehr Kindern	1%	1%	2%

Neue Steuerklasse beantragen

War der Verstorbene verheiratet und Sie als überlebender Ehepartner sind noch berufstätig, hatten beide zumeist vom günstigen Ehegattensplitting bei der Einkommensteuer profitiert. Der Splittingtarif kann im Todesjahr und sogar noch im folgenden Jahr beibehalten werden.

Ist der Hinterbliebene selbst Arbeitnehmer, kann er die Steuerklasse aber auch wechseln und die Einstufung in die günstige Steuerklasse 3 beantragen. Dies ist mit Wirkung vom Todestag an möglich. Zuständig ist nicht das Finanzamt, sondern die Gemeindeverwaltung.

Übrigens: Witwen/Witwer und bei Erbschaft auch andere Erben sind befugt und zugleich verpflichtet, alle nötigen Steuererklärungen für den Verstorbenen abzugeben.

Steuererklärung für den Verstorbenen nicht vergessen

Besteuerung der Hinterbliebenenrente?

Hinterbliebenenrente war bis Ende 2004 steuerfrei, falls kein eigenes Einkommen des Ehepartners existierte, etwa bei Hausfrauen. Wer eigenes Einkommen hat (dazu zählt auch Altersrente), musste es sich auf die Hinterbliebenenrente anrechnen lassen, falls der Ehepartner nach 1985 gestorben war. Dabei wurden vom eigenen Nettoeinkommen maximal 40 Prozent auf die Witwenrente angerechnet – oberhalb der Freibeträge von bis zu 689 Euro netto monatlich (Witwenrente) bzw. bis zu 460 Euro netto (Waisenrente).

Ab 2005 werden nicht nur Alters- und Invalidenrenten auf nachgelagerte Besteuerung umgestellt, sondern auch Hinterbliebenenrenten. Früher waren die Beiträge zu großen Teilen steuerpflichtig und die Renten zumeist steuerfrei. Nun ist es umgekehrt.

Nachgelagerte Besteuerung gilt seit 2005

Bei den Beiträgen gilt ab 2005, dass sie zwar zunächst nur zu 60 Prozent steuerlich anerkannt sind; dieser Prozentsatz steigt jedoch Jahr für Jahr um zwei Prozentpunkte, bis 2025 100 Prozent erreicht sein werden. Dafür müssen die Hinterbliebenenrenten ab 2005 zur Hälfte als Einkommen versteuert werden. Auch dieser Satz steigt bis 2020 jährlich um zwei Prozentpunkte, danach Jahr für Jahr bis 2040 um einen Prozentpunkt. Dann werden die Renten zu 100 Prozent besteuert. Der bei Rentenbeginn gültige Ertragsanteilsatz verändert sich aber nicht. Wer beispielsweise 2005 in Rente geht, muss bis zum Tod nur 50 Prozent seiner Rente als Einkommen versteuern. Wer hingegen 2010 Rentner wird, muss bis zum Tod 60 Prozent versteuern; Neurentner im Jahr 2015 70 Prozent etc.

Auszahlung von Kapital-Versicherungen

Wer glaubt, dass Lebensversicherungen, die beim Tode ausgezahlt werden, steuerfrei sind, der irrt sich gewaltig. Das trifft nur auf die Einkommensteuer zu (Kapitalertrag), und auch da gibt es völlige Steuerfreiheit nur bei Auszahlungen von Verträgen, die vor 2005 abgeschlossen wurden.

War im Vertrag kein Begünstigter genannt, zählt die Summe zum Nachlass. Erbschaftssteuer wird dann abhängig von der Höhe des Gesamterbes fällig. Steht ein Begünstigter (Bezugsberechtigter) im Vertrag, fällt die Summe zwar nicht ins Erbe, aber es muss unter Umständen Schenkungssteuer gezahlt werden. Die Auswirkungen sind letztlich die gleichen – es gelten für Ehepartner jedoch hohe Freibeträge von 307.000 Euro und mehr (››› „Erbschaftsteuer", Seite 179).

Wer einen Partner mit einer Lebensversicherung absichern will, sollte ihn unbedingt namentlich benennen. Da die Summe dann nicht ins Erbe fällt, muss er sie nicht mit den anderen Erben teilen. Außerdem kann er die Summe auch dann nutzen, wenn er das übrige Erbe etwa wegen Schulden ausschlagen will.

Tipp

Der Ehegatte oder Geschäftspartner (bei Unternehmern) ist im Falle des Todes – frei von Erbschaftsteuer – abgesichert, wenn der versicherte Kunde sich nicht selbst als Versicherungsnehmer eingesetzt hatte, sondern den Ehe- oder Geschäftspartner. Bedingung: Derjenige, der abgesichert werden soll, musste dann aber selbst den Beitrag bezahlen, damit die Auszahlung erbschaftsteuerfrei bleibt.

Sparerfreibetrag halbiert sich

Zur Freistellung von Kapitalerträgen steht seit dem 1. Januar 2004 noch ein Sparerfreibetrag von 1.421 Euro zur Verfügung. Verheiratete, die zusammen zur Einkommensteuer veranlagt werden, können den doppelten Betrag, also insgesamt 2.842 Euro, nutzen. Oberhalb des Freibetrags wird Kapitalertragsteuer fällig, die sich nach dem individuellen Einkommensteuersatz richtet.

Im Todesfall gilt für das laufende Jahr noch der höhere Freibetrag; danach zählt nur noch der Betrag von 1.421 Euro für den hinterbliebenen Partner, falls er nicht wieder heiratet. Sie müssen also in den Finanzunterlagen die Freistellungsaufträge für alle Banken und Bausparkassen durchsehen und höchstwahrscheinlich neue Freistellungsformulare anfordern. Sehen Sie dabei auf die Zins- und Dividendenerträge des Sterbejahres und korrigieren dann den jeweiligen Freistellungsauftrag nach unten. Schummeln lohnt nicht, da die Banken steuerfrei behandelte Geldanlagen an die Finanzämter melden müssen, die wiederum Stichproben bei den Kunden machen.

Im laufenden Jahr noch der doppelte Freiberag

Wer es allerdings schon zu Ehezeiten höchstens auf 1.421 Euro Zinseinnahmen im Jahr für seine Ersparnisse brachte, kann alles so lassen wie bisher.

Erbschaftsteuer

Das Finanzamt erfährt vom Nachlassgericht, dass ein Erbfall eingetreten ist. Notare müssen zudem die Behörden über alles informieren, was „für die Festsetzung einer Erbschaftsteuer von Bedeutung" sein könnte. Auch Banken und Versicherungen müssen im Todesfall dem Finanzamt Guthaben ab 1.000 Euro melden, die sich zu Beginn des Todestages auf den Konten befinden. Daher macht es zum Beispiel keinen Sinn, sofort nach dem Tod zur Bank zu gehen und die Konten abzuräumen.

Informationspflicht

Gleichzeitig verlangt das Gesetz, dass die Erben spätestens drei Monate, nachdem sie das Erbe erhalten haben, von sich aus das Finanzamt informieren. Der Fiskus berechnet dann die Erbschaftsteuer und erlässt einen entsprechenden Bescheid, den die Erben spätestens vier Wochen, nachdem er Ihnen zugestellt wurde, bezahlen müssen. Gegen den Bescheid können sich die Erben wehren, falls sie Fehler vermuten: Sie können innerhalb von vier Wochen nach Zustellung des Bescheids Widerspruch einlegen. Dazu genügt ein formloser Brief ans Finanzamt. Sie sollten den Widerspruch aber unbedingt begründen. Bei größeren Unstimmigkeiten sollten Sie einen Steuerberater zu Rate ziehen.

Verwandtschaftsgrad bestimmt Höhe der Steuer

Die Höhe der Erbschaftsteuer richtet sich nicht nur nach der Höhe des Vermögens, sondern auch nach der Erbschaftsteuerklasse, die wiederum vom Verwandtschaftsgrad der Erben zum Verstorbenen abhängt (››› folgende Tabellen). Grundsätzlich gilt: Je näher die Verwandtschaft, desto geringer sind die Steuerklasse und die Steuersätze.

Steuerklassen

Steuerklasse:	Wer?
I	Ehegatte, Kinder und Stiefkinder, Enkel und Urenkel, Eltern und Großeltern
II	Geschwister, Neffen, Nichten, Stiefeltern, Schwiegerkinder,-eltern, gesch. Ehepartner
III	alle übrigen Erben, auch eingetragene Lebenspartner

Für die einzelnen Steuerklassen ergeben sich in Abhängigkeit von der Höhe der Erbschaft Steuersätze zwischen 7 und 50 (!) Prozent:

Steuersätze beim Erben und Schenken

Erbschaftsteuersätze

Bei Vermögen bis ... Euro	Steuerklassen		
	sind ...% fällig in Klasse:		
	I	II	III
52.000	7	12	17
256.000	11	17	23
512.000	15	22	29
5.113.000	19	27	35
12.783.000	23	32	41
25.565.000	27	37	47
darüber	30	40	50

Es gibt jedoch Freibeträge für nahe Angehörige, sodass Ehepartner und Kinder in aller Regel von der Erbschaftsteuer verschont bleiben.

So viel Erbe ist steuerfrei	
Personen:	**Freibetrag in Euro**
Ehepartner	307.000
Kinder, Stiefkinder, Kinder verstorbener Kinder	205.000
Kinder lebender Eltern, Eltern, Großeltern	51.200
Geschwister, Neffen, Nichten, Schwiegereltern,-kinder, geschiedene Gatten	10.300
Sonstige Erben	5.200

Versorgungsfreibeträge

Jeder Euro des neu erworbenen Vermögens, der den steuerfreien Betrag übersteigt, kostet den Erben also zwischen 7 und 50 Prozent. Trostpflaster: Erben Ehepartner und/oder Kinder, so gibt es bei der Erbschaftsteuer zusätzlich zu den in der Tabelle genannten Freibeträgen so genannte Versorgungsfreibeträge: für die Witwe/den Witwer 256.000 Euro, für Kinder je nach Alter zwischen 10.300 und 52.000 Euro.

Übrigens: Vom Vermögen des Toten können neben den Freibeträgen auch Nachlassschulden, Erbfallkosten und vorweggenommene Erwerbskosten (etwa eine Leibrente, die der Verstorbene für Angehörige „gestiftet“ hat) abgezogen werden, ehe die Höhe des zu versteuernden Vermögens feststeht.

Sonderfreibeträge

Außerdem gilt:

- Hausrat, Wäsche, Kleidung bis zu einem Wert von 40.000 Euro (bei Steuerklasse I) und zusätzlich andere bewegliche Gegenstände bis zu einem Wert von 10.000 Euro unterliegen nicht der Erbschaftsteuer.
- Personen, die den Steuerklassen II oder III zugehören, können die zuvor genannten Gegenstände insgesamt nur bis zu einem Gesamtwert von 10.000 Euro steuerfrei erhalten.
- Steuerfrei ist auch ein Betrag von 5.000 Euro für die unentgeltliche bzw. unterbezahlte Pflege des Erblassers.
- Nachlassgegenstände, die in §§ 13 und 13a ErbStG aufgeführt sind (z. B. Betriebsvermögen bis 256.000 Euro) sind steuerfrei.

Immobilien

Bewertung von Immobilien

Grundstücke und Häuser zählen gleichfalls für die Erbschaftsteuer. Hier wird das Ertragswertverfahren angewendet, bei dem das Finanzamt die Immobilie bei rund 60 Prozent des aktuellen Verkehrswertes ansetzt. Bei bebauten Grundstücken wird die Miete zur Grundlage der Erbschaftsteuer gemacht. Das Finanzamt bildet den Mittelwert aus den Mieteinnahmen der letzten drei Jahre – bei nicht vermieteten die ortsübliche Miete – und multipliziert das Ergebnis mit dem per Gesetz angeordneten „Vervielfältiger" von 12,5. Für ältere Häuser kommen dann noch Abschläge von 0,5 Prozent für jedes volle Kalenderjahr, höchstens aber 25 Prozent.

Bei Erben von Ein- oder Zweifamilienhäusern addiert das Finanzamt zu dem ermittelten Ertragswert noch einen Zuschlag von 20 Prozent, sodass sich die Summe, die versteuert wird, deutlich erhöht.

Beispiel

Im Nachlass des im Januar 2005 Verstorbenen befindet sich ein Einfamilienhaus, das der Verstorbene im Februar 1975 gekauft und vermietet hatte. Als durchschnittlicher Jahreswert der Nettokaltmiete wurden 10.800 Euro erzielt (900 Euro pro Monat).

Wie viel Erbschaftsteuer ist fällig?

Berechnung:

12,5 x 10.800 Euro =	135.000 Euro
– 30 (Jahre) x 0,5 % =	15 % ≙ 20.250 Euro
Zwischensumme:	114.750 Euro
+ 20 % Zuschlag für Einfamilienhaus	(= 22.950 Euro)
→ **Steuerwert:**	**137.700 Euro**

Folge: Erbt der Ehepartner oder ein Kind, bleibt das Haus wegen der hohen Freibeträge wahrscheinlich frei von Erbschaftsteuer. Doch Vorsicht: Bleibt der ermittelte Steuerwert – und das gilt für alle Immobilien – unter 80 Prozent des aktuellen Wertes für Grund und Boden (Bodenrichtwert), so wird der Bodenrichtwert als Mindestwert angesetzt. Kleine Häuser auf großen Grundstücken können damit ebenso heftig ins Geld gehen wie das Erbe einer Immobilie in teurer Bodenlage. Lichtblick: Aktuelle Schulden, die auf dem Objekt lasten, mindern den Immobilienwert für die Erbschaftsteuer in voller Höhe.

Unterm Strich ist das Vererben von Immobilien immer noch günstiger als von Geld. Denn der Verkehrswert liegt deutlich über dem Ertragswert, der bei der Steuer zugrunde gelegt wird. Bei Barem wird dagegen der tatsächliche Wert angesetzt. Hier könnte ein Urteil für Gleichbehandlung sorgen, das seit längerem vom Bundesverfassungsgericht erwartet wird. Folge: Die Erbschaftsteuer auf Immobilien dürfte steigen.

Die Trauer beginnt meistens unmittelbar nach dem Tod. Viele stören sich daran, von Trauerarbeit zu sprechen – das Wort soll jedoch ausdrücken, dass die Trauer nicht verdrängt werden sollte und dass es oft nicht leicht ist, die eigene Trauer in unserer Gesellschaft zu leben. Wir sind gewohnt, Trauer aus dem Alltag zu verdrängen. Dabei hat die Trauer eine wichtige Funktion für die Lebenden.

Trauerarbeit und Trost

Jeder Mensch trauert anders

Trauer durchläuft verschiedene Phasen

Mit dem Gefühl der Trauer reagieren wir auf den Verlust eines geliebten Menschen. Die Zeit der Trauer ist ein Prozess der Ablösung, bis der Tod des Menschen akzeptiert werden kann. In der Zeit der Trauer können unterschiedliche Phasen durchlaufen werden:

- betäubender Schmerz und ein Nicht-Wahrhaben-Wollen,
- Verzweiflung, Schuldgefühle und Wut,
- große Traurigkeit bei der Realisierung der Endgültigkeit des Verlustes
- bis hin zur Phase, in der man sich wieder auf das eigene Leben einstellt.

Die Leidenszeit vor dem Tod und der Verlust eines geliebten Menschen kosten Lebenskraft und Lebendigkeit. Und die Hinterbliebenen haben oft das Gefühl, dass sie sich nie wieder einstellen. Es scheint aber so, als ob der Trauerprozess einen wichtigen Beitrag dazu leisten kann.

Männer tun sich mit Trauer schwer, oft viel schwerer als Frauen. Von Männern wird bei der Bestattung häufig immer noch erwartet, dass sie mit ernstem und gefasstem Gesicht an das Grab treten. Trauer im Beruf zu zeigen, ist für viele fast undenkbar.

Trauernde müssen sich den eigenen Weg suchen

Die Trauer setzt nicht immer schlagartig mit dem Tod oder der Bestattung ein. Manchmal bedarf es einiger Zeit, bis sie sich zeigen kann. Trauer kann man verdrängen – erzwingen kann man sie nicht. Trauer und Traurigkeit kann sporadisch auftauchen, das ist normal. Und Trauer kann unterschiedlich lang andauern. Es gibt bei uns inzwischen kein Trauerjahr mehr. Zu trauern, auch über einen längeren Zeitraum hinweg, ist dennoch dadurch nicht überflüssig geworden.

Jeder Mensch empfindet und lebt Trauer anders und sollte sich dafür auch seinen Weg suchen dürfen. Trauer kann man nicht wie eine Krankheit behandeln. Es gibt keine Rezepte, wie man mit der eigenen Trauer umgehen sollte. Dennoch kann man von anderen lernen und von anderen Hilfe erhalten. Das beginnt schon damit, dass man mit anderen darüber spricht.

„Onkel Fritz, einen Großonkel, hatte ich als Toten noch nicht sehen dürfen. Da galt ich als noch zu klein. Anders war es bei Onkel Josef: ... Onkel Josef war Bäckermeister. ...

Ich kann mich nicht an die Ursache erinnern. Aber eines Tages war Onkel Josef tot. Ich war entsetzt und traurig. Drei Tage lag er im Wohnzimmer aufgebahrt im Sarg. Alle kamen, um Abschied zu nehmen. Immer, wenn die anderen draußen waren, setzte ich mich ungläubig neben ihn ...

Lange saß ich neben seiner Leiche – verwundert, staunend, fasziniert und angegruselt. So gerne hätte ich meine Hand auf seine gelegt ... Ich traute mich nicht. Also überlegte ich, wie ich ihn wohl berühren könnte, ohne ihn anzufassen. Ich nahm einen Kuli und machte eine kleine Markierung auf seinen Daumenmuskel. Ich erschrak und schämte mich, als ich den blauen Strich sah. Was tat ich da? Ich beeilte mich zu denken: Ich möchte ihm etwas von mir mitgeben. So eine Art Grabbeigabe. Da weiß er, daß ich an ihn gedacht habe ...

In einer Mischung aus Befriedigung und Beschämung blieb der Strich in meinem Gedächtnis. Erst als ich älter war, begriff ich, wie wichtig es für mich gewesen war, daß Onkel Josef noch drei Tage dagelegen hatte und ich bei ihm hatte sitzen, weinen, ihn anschauen und als Leiche bestaunen können. Ein Toter ist etwas ebenso Einmaliges und Wundersames wie ein Neugeborenes.

Schade, daß mir niemand geholfen hat ihn doch anzufassen. Denn berühren bedeutet be-greifen, es fassen ...

Carmen Thomas: Berührungsängste? Vom Umgang mit der Leiche, Seite 9 f., Köln 1994

Den Tod begreifbar machen

Trauer ist offensichtlich im Angesicht eines toten Menschen leichter zu empfinden (wenn man sich sonst schwer tut, sie wahrzunehmen), sie kann dann aber viel stärker und überwältigend eintreten. Manch einer nimmt den Verlust eines Menschen erst als real wahr, wenn er den Toten gesehen und angefasst hat. Außer der Aufbahrung zuhause bieten auch viele Bestattungsinstitute diese Möglichkeit; selbst kurz vor der Trauerfeier ist es oft möglich, den verstorbenen Menschen noch einmal zu sehen, etwas, das vor allem aus Rücksicht auf die Menschen vorgenommen wird, die zur Trauerfeier von weither anreisen.

Risiken und Nebenwirkungen, wenn Trauer verdrängt wird

Nicht gelebte Trauer kann die Ursache für seelische und körperliche Krankheiten werden, die sich oft erst viel später und langsam einstellen. Wenn also nach einem Tod im engeren eigenen Lebensumfeld unerklärliche Beschwerden auftreten, ist es sinnvoll, der Frage nachzugehen, ob dies mit dem Trauerfall zu tun haben könnte. In diesen Fällen (oder wenn Sie auch nach langer Zeit nicht aus der Trauer herausfinden, den Schmerz durch Suchtmittel zu betäuben versuchen oder sich selbst isolieren) ist es unter Umständen sinnvoll, psychologisch geschulte Beratung in Anspruch zu nehmen. Eine gute Hilfe können auch Selbsthilfegruppen sein, in denen sich Menschen zusammenschließen, die gleiche oder ähnliche seelische Probleme bewältigen müssen.

Trauernde respektieren, auch wenn sie anders trauern als man selbst

In unserer Gesellschaft mit ihren vielen religiösen, kulturellen und sozialen Ausprägungen kann es keine allgemein verbindlichen Regeln für Trauer geben, eine einzige vielleicht ausgenommen: Trauer bei anderen Menschen ist in der jeweiligen Form zu respektieren und zu achten. Jeder Mensch trauert anders! Die Beziehung zu dem verstorbenen Menschen, die Umstände des Todes, die eigenen Lebenserwartungen und Hoffnungen – all dies ist so unterschiedlich und dazu kommt natürlich, dass wir Menschen auch sehr unterschiedlich mit Schicksalsschlägen umgehen. Insofern ist jeder berechtigt so zu trauern, wie er das für sich tut. Das Urteil anderer ist bedeutungslos. Und bloß weil andere den Schmerz verdrängen wollen, sollte man sich nicht verleiten lassen, sich „so wie immer" zu verhalten. Es gilt immer: Jeder einzelne muss seinen Weg zu trauern selbst finden – und dieser Weg ist dann auch richtig.

Islamische Angehörige reagieren auf den Tod oft emotional anders als es in Deutschland üblich ist: Lautes Weinen, sich selbst durch Schläge peinigen, Haarraufen – all dies ist nicht unüblich, aber nicht unbedingt mit totaler und lang anhaltender Verzweiflung zu verwechseln, wenn es direkt beim Tod auftritt. Nach der Bestattung werden im Islam starke Trauerreaktionen als nicht angemessen empfunden. Der Wille Allahs muss respektiert werden, ihm hat man sich

Trauern ...

- So lange (und nur so lange) trauern wie man möchte und den Schmerz auch öffentlich zeigen und nicht verdrängen
- Sich dunkel oder schwarz kleiden, sofern und nur dann, wenn man dies als Schutz oder aus Tradition braucht – so lange, wie man möchte
- Zum Friedhof / zur Begräbnisstätte gehen, wenn einem danach zumute ist
- Ein Bild des Verstorbenen an einem Platz aufhängen, an dem man es häufiger sieht
- Über die schwere Zeit des Sterbens sprechen – mit Freunden oder mit psychologischer oder religiöser Hilfe
- Über den Verstorbenen sprechen, vor allem Gutes und Schönes dabei erwähnen
- Gebete für den Verstorbenen sprechen oder ihn in eine Meditation einschließen
- Den Schmerz lindern durch Abwechslung, auch lachen – die Nächte und viele Stunden, die allein verbracht werden, sind schwierig genug
- Eine Selbsthilfegruppe oder andere Hilfe suchen, wenn der Schmerz übermächtig ist und bleibt
- Festlichkeiten (aber nur dann) meiden, wenn und so lange man diese innerlich nicht mitmachen kann
- Sich selbst langsam wieder an die Aufgaben des Alltags heranführen
- Gutes für sich tun – Musik hören, Umgang mit Kindern, sich warm halten, Massagen genießen, frische Luft tanken
- Sich selbst nicht mit Schuldfragen quälen, sondern versuchen, einen anderen Blickwinkel einzunehmen, der neue und tröstende Erkenntnisse bringt

zu fügen, und außerdem kehrt die Seele zu Gott zurück. Es ist daher manchmal für die Menschen sehr schwierig, mit ihrer Trauer fertig zu werden. Hilfe anzubieten ist auch hier erlaubt – aber man muss wie immer die Grenzen der Religion beachten und achten.

Wenn Kinder trauern

Kinder in ihrer Trauer annehmen

Eine besondere Gruppe Trauernder stellen Kinder dar, bei denen Eltern, Geschwister, Großeltern oder sonstige nahe Angehörige bzw. Freunde gestorben sind. Kinder trauern oft anders als Erwachsene. Wichtig ist, dass man sie in einem Sterbefall in ihrem Umfeld nicht ausschließt oder dass man nicht versucht, ihnen den Tod mit Ausdrücken zu erklären, die ihnen Angst machen: „Oma schläft jetzt und kann uns nicht mehr besuchen" – ein Kind könnte Angst vor dem Schlaf bekommen. Oder: „Opa (Mama, Schwester, Bruder) hat uns verlassen", denn so könnte ein Kind Schuldgefühle entwickeln, um sich zu erklären, warum er gegangen ist.

Professionelle Hilfe suchen, wenn die Belastung zu groß ist

Hilfreich kann es sein, sich professionellen Rat zu holen oder Literatur zum Thema zu lesen. Allgemein erscheint es einfacher zu sein, Kindern den Tod so zu erklären, wie man ihn selbst empfindet – vor dem Hintergrund des eigenen religiösen bzw. spirituellen Verständnisses. Auch ein Kind im Kindergartenalter kann durchaus verstehen, dass der Tod ein natürlicher Bestandteil des Lebens ist. Die Erklärungen muss dem Lebensalter der Kinder und ihrem Verständnis angepasst sein. Und man muss auf ihre Fragen eingehen und hellhörig dafür sein, ob und wie sie das Gehörte verarbeiten oder versteckt weiterfragen. Vorbereitet sein sollte man auf Fragen wie: Wo sind diese Menschen nun? Wo gehen sie hin? Wie kommen sie dahin? Warum sind sie gestorben? Was passiert, wenn man stirbt? Und man sollte bei den Antworten stets daran denken, dass Kinder keine Angst vor dem Tod bekommen.

Besonders schwer ist die Situation für Kinder, deren Geschwister gestorben sind. Sie verdrängen allzu leicht ihre eigenen Trauer, um den Eltern zu helfen. Sie wollen die Eltern in dieser schweren Zeit nicht noch mit ihren eigenen Sorgen belasten. Von der Umgebung werden sie meistens nicht als trauernde Familienangehörige wahrgenommen, da sie sich oft noch nicht entsprechend ausdrücken können. Gerade wenn die Eltern von dem Tod ihres Kindes so stark betroffen sind, dass sie selbst für die Trauer der Geschwister keine Kraft mehr haben, ist es wichtig, dass sich Angehörige und Freunde um sie kümmern.

Trauernden Beistand leisten

Trost zu spenden ist in vielen Fällen schwierig. Oft fühlt man sich gegenüber Trauernden völlig hilflos: Was will man jemandem sagen, dessen Kind verunglückt ist? Dessen Vater Suizid begangen hat? Wenn ein Mord geschehen ist? Wenn der Ehepartner plötzlich einen tödlichen Herzinfarkt erlitten hat? Wenn junge Menschen aus einem blühenden, gerade beginnenden Leben gerissen werden? Bei alten und schwer kranken Menschen, die verstorben sind, mag zunächst der Gedanke an Erlösung von Schmerzen oder Hilflosigkeit nahe liegen, doch auch um diesen Tod können die Angehörigen sehr intensiv trauern.

Um Trauernden Beistand zu leisten, dafür gibt es keine Rezepte. Aber es gibt ein paar Ratschläge, die man ebenso kritisch darauf überprüfen sollte, ob sie in der eigenen Situation anwendbar sind oder nicht: Denn jeder trauert anders. Auf jeden trauernden Menschen muss man sich individuell einzustellen.

Mitgefühl zeigen

Vielen fällt es schwer, Trauernden zu begegnen, weil sie nicht wissen, was sie sagen sollen. Für Trauernde ist es oft besonders schmerzlich, dass sie neben dem Verlust eines engen Angehörigen noch ertragen müssen, dass sie von ihrem Umfeld isoliert werden. Manche Hinterbliebenen ertragen keine Kondolenzbesuche, aber manche brauchen dies um so dringlicher. Dies gilt es herauszufinden. Einen Kondolenzbrief zu schicken ist so schwierig nicht. Echtes Mitgefühl zu zeigen, zu zeigen, dass man den Verstorbenen geachtet hat und den Trauernden nicht alleine lässt – mehr ist oft gar nicht nötig. Und wer sich schriftlich an Trauernde wenden möchte, sollte nicht davor zurückscheuen, eine schöne Karte zu schicken, von der er vermutet, dass das Bild dem Hinterbliebenen gefällt.

Hilfe anbieten

Manche Menschen finden alleine nicht wieder aus ihrer Trauer heraus – der plötzliche Tod naher Angehöriger, der Tod von Kindern löst manchmal einen Schock aus, der so tief sitzt, dass man auf Hilfe anderer angewiesen ist. Bieten Sie konkrete Unterstützung und Nähe an, ohne aufdringlich zu sein.

Das Festhalten an Verstorbenen ist kein seltenes Phänomen. Dann ist es nicht leicht, den richtigen Weg für Hilfe zu finden: Zwischen der Anerkennung des Trauerschmerzes und dem Recht jedes Menschen, seine Trauer auf seine Weise zu leben, und dem Wunsch, dem hinterbliebenen Menschen zu helfen, sich wieder dem Leben zuzuwenden, sieht man oft kaum einen Ansatzpunkt. Aber: Um Trauernden zu helfen, benötigt man grundsätzlich keine Ausbildung, man muss kein Experte für Trauerabläufe oder Trauerhilfe zu sein. Wärme, Mitgefühl und Ruhe können viel entscheidender sein als irgendwelche Fachkenntnisse.

Den passenden Zugang zu Trauernden finden

Wie man sich Trauernden gegenüber verhalten kann oder sollte

- Aufrichtige, ehrliche Anteilnahme zeigen und den Abstand so wahren, wie der Hinterbliebene ihn braucht
- Den Trauernden so viel Schmerz zugestehen und auszudrücken erlauben, wie sie es brauchen
- Zuhören und deutlich wahrnehmbar Interesse an dem zeigen, was Trauernde erzählen, auch wenn Trauernde immer wieder dasselbe erzählen, weil sie dies oft mehrmals erzählen müssen
- Mit den Trauernden über den Verstorbenen sprechen, über schöne Zeiten oder eine Reise, das Positive betonen
- Hilfe anbieten, auch und gerade für unangenehme und psychisch belastende Arbeiten – anfangs ist alles seelisch belastend
- Sich regelmäßig melden und praktische, ganz konkrete Hilfe für den Alltag anbieten, zum Beispiel für die Trauerfeier oder Begleitung bei Behördengängen
- Trauernde ermutigen, mit sich Geduld zu haben
- Trauernde ermuntern, sich Hilfe zu suchen, oder ihnen dabei helfen und sie das erste Mal begleiten (z. B. zu Selbsthilfegruppen)
- Mit den Trauernden beten oder meditieren, wenn es ihre religiösen Vorstellungen erlauben, oder singen oder Gedichte lesen, falls sie dafür empfänglich sind
- Trauernden (vorsichtig) Abwechslung wie Spaziergänge anbieten
- Trauernde ermutigen, sich wieder dem Alltag zuzuwenden, vielleicht eine Reise zu planen und sie zu begleiten oder sie auf eine Reise mitnehmen
- Trauernden helfen, wenn sie sich schuldig fühlen
- Akzeptieren, wenn ein Angebot abgelehnt wird

Was man bei Trauernden vermeiden sollte

- Den Kontakt meiden, hinauszögern oder auf die andere Straßenseite wechseln, weil man selbst unsicher ist oder schwierige Situationen zu vermeiden sucht
- Sagen, dass man wisse, was die Trauernden empfinden, wenn man nicht wirklich schon in vergleichbarer Situation war
- Das Thema wechseln, wenn die Trauernden über „ihr Thema" sprechen – dann besser auch andere bitten, mit dem Trauernden Kontakt zu pflegen
- Alles vermeiden, was den Eindruck erwecken könnte, die Trauernden in eine Schuldposition zu bringen
- Nachfragen, ob es den Trauernden nun schon besser geht
- Den Sinn dieses Todes zu erklären zu versuchen
- Die Trauernden ermahnen, dass sie für die Zeit, die sie mit dem Verstorbenen verbracht haben, dankbar sein müssten
- Den Trauernden „Lebensweisheiten" vorhalten wie „Das Leben geht weiter", „Die Zeit heilt die Wunden", „Du hast doch noch deine Kinder" etc.
- Eigene religiöse Vorstellungen aufzwingen
- Die Trauernden ermahnen, sich zusammenzunehmen
- Die eigene Belastbarkeit dabei vergessen – lieber darüber mit dem trauernden Menschen sprechen, aber ihn nicht allein lassen
- Die eigenen Gefühle verdrängen oder überhand nehmen zu lassen

Hilfe von außen

Unterstützung von Drittten

Der Markt der Möglichkeiten, sich von Dritten Hilfe zu holen oder sich als Trauernder abzulenken, ist groß und wächst weiterhin. So wichtig Hilfestellung von außen sein kann, so ist dennoch Vorsicht geboten, damit man sich das passende Angebot aussucht. Zu empfehlen ist dabei, sich nicht gleich längerfristig zu binden. Denn Trauer ist kein gleichmäßiger Prozess, Trauer kommt oft in Schüben und bedarf dann unter Umständen unterschiedlicher Maßnahmen.

Seelische, geistige und religiöse Hilfen

Die jeweilige Religion, der sich Hinterbliebene verbunden fühlen, bestimmt weitgehend auch die Hilfe, die den Trauernden gegeben werden kann. Allen Religionen ist gemeinsam, dass das Gebet, die geistige Versenkung in Gott ein wichtiger Teil der Trauer ist. Für die Verstorbenen Gebete zu sprechen, ist meistens gleichzeitig eine gute Tat. Die Seelenmesse in der katholischen Kirche ist dafür ein Beispiel, das in unserer Gesellschaft vielen bekannt ist. In allen Religionen kann man sich an die nächst gelegene örtliche Gemeinde (Kirche, Moschee, Tempel) wenden und dort Rat und Hilfe für religiöse Rituale und Zeremonien erhalten. So gibt es in der katholischen Kirche das Vier- bzw. Sechswochenamt, einen Gedenkgottesdienst. Außer den örtlichen Seelsorgern bieten manchmal therapeutische Seelsorger ihre Hilfe an. Das sind Seelsorger, die eine psychologische Ausbildung haben und mit denen dann entsprechend erweiterte Gespräche geführt werden können.

Für (geschätzte) 20 Millionen Menschen in Deutschland, die keiner Religion angehören, ergibt sich religiöse Hilfe nur dann, wenn ihre Weltanschauung eine Existenz nach dem Tod zulässt. Nach streng materialistischer Philosophie kennzeichnet der Tod den Endpunkt eines einmaligen biologischen Prozesses. Dies schließt emotionale religiöse Unterstützung aus.

Gesprächskreise und Trauerseminare

Angebote prüfen, bevor man sich bindet

Kirchengemeinden, Religionsgemeinschaften, Volkshochschulen oder andere Träger bieten Trauernden Gesprächskreise und Trauerseminare an. Dauer, Kosten und Inhalte sind sehr unterschiedlich gestaltet. Eine Übersicht über bestehende Angebote ist im Internet am leichtesten zu gewinnen.

Bei diesen Veranstaltungen sollte man sich vorher unbedingt einen Überblick über die gewünschte Zielgruppe, die Inhalte und die Kompetenz der Referenten verschaffen und die Kosten vergleichen. Es lohnt auch, nach Referenzen zu fragen oder sich bei ehemaligen Teilnehmern zu erkundigen. Werden Informationen darüber nur widerwillig gegeben werden, ist Vorsicht geboten.

Neben Gesprächskreisen und Trauerseminaren können unter Umständen ärztliche und/oder psychologische Hilfe sinnvoll sein. Fachkräfte, die mit Trauerarbeit Erfahrung haben, findet man oft, indem man sich an Selbsthilfegruppen in der eigenen Region wendet.

Telefonseelsorge

Anonym – aber trotzdem sind intensive Gespräche möglich

Die Telefonseelsorge ist deutschlandweit rund um die Uhr telefonisch bzw. im Internet-Chat erreichbar (››› Seite 198). In weit über 30.000 Fällen pro Jahr sprechen Trauernde die Telefonseelsorge an. Die absolute Anonymität erleichtert vor allem solchen Menschen den Zugang, die sich nur schwer jemandem persönlich anvertrauen.

Die Telefonseelsorge ist nicht religiös gebunden, auch wenn sie von der evangelischen und katholischen Kirche zum großen Teil gemeinsam getragen wird. Man muss also keine Sorge haben, mit religiösen Vorstellungen oder Ratschlägen konfrontiert zu werden. Auf der anderen Seite kann man aber spirituelle Themen ansprechen und religiöse Kompetenz erwarten, wenn man sie haben möchte.

Die Telefonseelsorge erfolgt nur in deutscher Sprache – nur in Berlin befinden sich russische Beratungskräfte.

Selbsthilfegruppen

Erfahrungen anderer Betroffener nutzen

In Selbsthilfegruppen finden sich Menschen zusammen, die ein gleichartiges Erlebnis hatten, darüber sprechen und Erfahrungen über Hilfsmöglichkeiten austauschen wollen. Sie werden im Allgemeinen nicht von Fachleuten geleitet, sondern bestimmen die Form ihres Zusammenwirkens und die Leitung selbst. Bewährt haben sich Selbsthilfegruppen, weil die einzelnen Mitglieder durch ihre unterschiedlichen Erfahrungen oft ein Praxiswissen einbringen können, das kaum ein Fachmann hat.

Die Selbsthilfegruppen orientieren sich oft an der Todesursache (z. B. Krebs) oder an dem Familienmitglied, das verstorben ist. Ein Beispiel dafür ist der „Bundesverband Verwaiste Eltern in Deutschland e.V.“, in dem die bundesweit arbeitenden Selbsthilfegruppen für verwaiste Eltern zusammengefasst sind (››› Seite 198). Einen guten Überblick über diesen sich schnell entwickelnden Bereich bietet das Internet. Freunde und Bekannten können möglicherweise helfen, die Angebote in der näheren Umgebung herauszufinden.

Meditation

Meditationen werden heute längst nicht mehr nur von buddhistisch geprägten Menschen angewendet. Die Beschäftigung mit der europäischen Mystik hat mit dazu beigetragen, der Meditation ihren fernöstlichen Charakter zu nehmen, auch wenn viele der Meditationsverfahren und -methoden von dort gekommen sind. Meditationsgruppen werden von Volkshochschulen oder anderen Trägern angeboten.

Musik und andere künstlerische Tätigkeiten

Künstlerischer Ausdruck als Kraftquelle

Wenn Menschen in Krisen geraten, versagt oft die Sprache. Dann können künstlerische Aktivitäten sehr hilfreich sein. Musizieren und singen gehören zu dem Grenzgebiet zwischen Trauerbewältigung und seelisch-geistiger Arbeit nach dem Tod naher Angehöriger. Die Musik spielt in allen Religionen eine besonders wichtige Rolle und in den Gottesdiensten für Tote finden sich oft musikalische Bestandteile. Religiöse Lieder, Singen überhaupt wirken dabei nicht nur spirituell, sondern auch ausgleichend auf Psyche und Körper. Der Beitritt zu einem Chor kann also ein guter Schritt sein, die Trauerarbeit weiterzuführen.

Auch die künstlerische Bearbeitung des Verlustes eines geliebten Menschen in einem Mal- und Zeichenkurs in der Volkshochschule oder einer anderen Organisation kann eine wertvolle Hilfe sein. Oder klären Sie – wenn Ihnen dies näher liegt – in Vorgespräch mit einem Dozenten einer Schreibwerkstatt, ob Sie dort mitwirken können.

Virtuelle Gedenkstätten – eine neue Form der Trauer
Im Internet können virtuelle Gedenkstätten für Verstorbene eingerichtet werden, mit Bildern und andere Erinnerungsstücken aus dem Leben der Verstorbenen, dem Lebens- und gegebenenfalls Leidensverlauf. Dazu kann ein Gästebuch ausgelegt werden. Man erhält dann von fremden Nutzern dieser virtuellen Gedenkstätten tröstlichen Beistand *(www.virtual-memorials.com)*.

Anhang

Adressen

Im Folgenden finden Sie eine Auswahl von Adressen – oft verfügen die hier genannten auch noch über regionale Ansprechpartner.

Sterbebegleitung

Deutsche Hospiz Stiftung

Europaplatz 7, 44269 Dortmund

Telefon: 02 31/7 38 07 30
Texlefax: 02 31/7 38 07 31

www.hospize.de

Internationale Gesellschaft für Sterbebegleitung und Lebensbeistand e. V. (IGSL)

Postfach 1408 , 55384 Bingen

Telefon: 0 67 21/1 03 18 oder 0 67 21/92 11 61
Telefax: 0 67 21/1 03 81

www.igsl-hospiz.de

Deutscher Kinderhospiz-Verein e. V.

Bahnhofstraße 7, 57462 Olpe

Telefon: 0 27 61/96 95 55
Telefax: 0 27 61/96 95 56

www.deutscher-kinderhospizverein.de

Deutsche Gesellschaft für Palliativmedizin e. V.

von-Hompesch-Straße 1, 53123 Bonn

Telefon: 0 18 05/22 14 01

www.dgpalliativmedizin.de

Dr. Mildred Scheel Akademie für Forschung und Bildung (Ausbildung in Palliativmedizin)

Kerpener Straße 62, 50924 Köln

Telefon: 02 21/9 44 04 90
Telefax: 02 21/94 40 49 44

www.krebshilfe.de

Bundesarbeitsgemeinschaft Hospiz

Am Weiherhof 23, 52382 Niederzier

Telefon: 0 24 28/80 29 37
Telefax: 0 24 28/ 80 28 92

www.hospiz.net

Deutsche Gesellschaft für Humanes Sterben e.V. (DGHS)

Lange Gasse 2 - 4, 86152 Augsburg

Telefon: 08 21/50 23 50
Telefax: 08 21/5 02 35 55

www.dghs.de

Humanistischer Verband Deutschlands Bundeszentralstelle

Wallstraße 65, 10179 Berlin

Telefon: 0 30/61 39 04 11
Telefax: 0 30/61 39 4 36

www.patientenverfuegung.de

Trauer und Trost

KIT Kriseninterventionsteam München

Arbeiter-Samariter-Bund, Regionalverband Oberbayern
Adi-Maisliner-Straße 6 - 8, 81373 München

Telefon: 0 89/74 36 31 05
Telefax: 0 89/74 36 31 90

www.krisenintervention-muenchen.de

Bundesverband Verwaiste Eltern in Deutschland e. V.

Mag. theol. Christiene Fleck-Bohausmilitzky
Eichenstraße 14, 85232 Bergkirchen-Lauterbach

Telefon: 0 81 35/87 06
Telefax: 0 81 35/87 06

www.veid.de

Telefonseelsorge

Gebührenfrei bundesweit 24 Stunden täglich erreichbar bzw. im Internet – die Beratung ist gebührenfrei, anonym und vertraulich

Telefon: 08 00/111 0 111 oder
0800/111 0 222

www.telefonseelsorge.de

Selbsthilfegruppen für Trauernde

www.selbsthilfe-forum.de
www.inkanet.de
und im Internet über die gängigen Suchmaschinen

www.verwitwet.de
Oliver Scheithe, Wüllnerstraße 116, 50931 Köln

Telefon: 02 21/4 06 21 82

Kummernetz e. V.

Am Buchberg 7, 97762 Hammelburg

Telefon: 0 97 32/78 02 59

www.kummernetz.de

Trauerorg –Trauerportal (der katholischen Kirche)

Marktstraße1, 56068 Koblenz

Telefon: 02 61/3 56 63

www.trauer.org

Virtuelle Gedenkstätten

www.virtual-memorials.com

Institut für Trauerarbeit (ITA) e. V.

Bogenstraße 26, 20144 Hamburg

Telefon: 0 40/36 11 16 83
Telefax: 0 40/36 11 16 84

www.ita-ev.de

OMEGA e. V.

DPWV - Der Paritätische Wohlfahrtsverband
Dickampstraße 12, 45879 Gelsenkirchen

Telefon: 02 09/9 13 28 1
Telefax: 02 09/9 13 28 33

www.omega-ev.de

Trauernetz der evangelischen Kirche

Frau Berger-Zell
Telefon: 0 66 98/2 33
Telefax: 0 66 98/86 83

www.trauernetz.de

Selbsthilfeorganisationen/ Spezielle Krankheitsbilder

NAKOS – Nationale Kontakt- und Informationsstelle zur Anregung und Unterstützung von Selbsthilfegruppen

Wilmersdorfer Straße 39, 10627 Berlin

Telefon: 0 30/31 01 89 60
Telefax: 0 30/31 01 89 70

www.nakos.de

Deutsches Grünes Kreuz e. V.,
Sektion „Altern in Würde“
(Informationen über Alzheimer und Demenz)

Schuhmarkt 4, 35037 Marburg

Telefon: 0 64 21/29 30
Telefax: 0 64 21/2 29 10

www.altern-in-wuerde.de

Deutsche Alzheimer Gesellschaft e. V.

Friedrichstraße 236, 10969 Berlin

Telefon: 0 30/25 93 79 50
Telefax: 0 30/2 59 37 95 29
Beratungshotline: 0 18 03/17 10 17 (9 Cent/Min)

www.deutsche-alzheimer.de

Deutsche Schmerzliga e. V.

Adenauerallee 18, 61440 Oberursel

Telefon: 07 00/3 75 37 53 75
Telefax: 07 00/ 37 53 75 38

www.schmerzliga.de

Deutsche Krebshilfe e. V.

Thomas-Mann-Straße 40, PF 1467, 53111 Bonn

Infotelefon: 02 28/72 99 00
Telefax: 02 28/ 7 29 90 11

www.krebshilfe.de

Deutsche AIDS-Hilfe e. V.

Dieffenbachstraße 33, 10967 Berlin

Telefon: 0 30/6 90 08 70
Telefax: 0 30/69 00 87 42

www.aidshilfe.de, www.notfallseelsorge.de
(Arbeitsgemeinschaft verschiedener Träger, die in Notfällen versuchen, gemeinsam seelische Hilfe zu leisten)

Organspende

Bundeszentrale für gesundheitliche Aufklärung (BZgA)

Ostmerheimer Straße 220, 51109 Köln

Telefon: 02 21/8 99 20
Telefax: 02 21/8 99 23 00

www.organspende-info.de

Bundesärztekammer

Herbert-Lewin-Platz 1, 10623 Berlin

Telefon: 0 30/4 00 45 60

www.bundesaerztekammer.de

Arbeitskreis Organspende

Postfach 15 62, 63235 Neu-Isenburg

Telefon: 0 61 02/35 92 54
Telefax: 0 61 02/35 94 10

www.akos.de

Juristen-Vereinigung Lebensrecht e. V.

Postfach 50 13 30, 50973 Köln

Telefon: 02 21/13 44 78
Telefax: 02 21/2 22 59 57

www.juristen-vereinigung-lebensrecht.de

Bestattung

Bundesverband Deutscher Bestatter e. V. (BDB)

auch: Fachverlag des deutschen Bestattungsgewerbes GmbH
Volmerswerther Straße 79, 40221 Düsseldorf

Telefon: 02 11/1 60 08 10
Telefax: 02 11/1 60 08 50

www.bestatter.de

Verband Deutscher Bestattungsunternehmen e. V. (VDB)

Fürstenbrunner Weg 10–12, 14059 Berlin

Telefon: 0 30/78 78 24 04
Telefax: 0 30/78 78 23 03

www.vdb-berlin.de

Kuratorium Deutsche Bestattungskultur

Schlichtungsstelle
Volmerswerther Straße 79, 40221 Düsseldorf
Telefon: 02 11/1 60 08 10

Verein Aeternitas – Unabhängige Verbraucherberatung für Friedhof und Bestattung

Im Wiesengrund 57, 53639 Königswinter

Telefon: 0 22 44/9 25 37
Telefax: 0 22 44/92 53 88

www.aeternitas.de

Verein FriedWald Deutschland

Bad Nauheimer Straße 4, 64289 Darmstadt

Telefon: 0 61 51/7 34 75 80
Telefax: 0 61 51/73 47 59 50

www.friedwald.de

Arbeitsgemeinschaft Friedhofsgärtner-Genossenschaften und Treuhandstellen (ARGE)

Godesberger Allee 142–148, 53175 Bonn

Telefon: 02 28/8 10 02 44
Telefax: 02 28/8 10 02 65

www.grabpflege.de

Stiftungen

Bundesverband Deutscher Stiftungen

Haus Deutscher Stiftungen
Mauerstraße 93, 10117 Berlin

Telefon: 0 30/8 97 94 70
Telefax: 0 30/89 79 47 11

www.stiftungen.org

Spenden

DZI – Deutsches Zentralinstitut für soziale Fragen (Archiv für Wohlfahrtspflege)

Bernadottestraße 94, 14195 Berlin

Telefon: 0 30/8 39 00 10
Telefax: 0 30/8 31 47 50

www.dzi.de

Hinterbliebenenrente

Bundesversicherungsanstalt für Angestellte

Ruhrstraße 2, 10709 Berlin

Telefon: 0 30/86 51
Telefax: 0 30/86 52 72 40

www.bfa.de

Landesversicherungsanstalten (für Arbeiter) Adressen über www.lva.de

Deutsche Rentenversicherung Knappschaft–Bahn–See (ab 1.10.2005): Fusion von Bahnversicherungsanstalt (www.bahnva.de), Seekasse (www.see-bg.de/seekasse) und Bundesknappschaft (www.bundes-knappschaft.de)

Bundesverband der Rentenberater

Hohenstaufenring 17, 50674 Köln

Telefon: 02 21/2 40 66 42
Telefax: 02 21/2 40 69 46 1

www.hvbg.

Sterbegeld nach Arbeitsunfall

Hauptverband der gewerblichen Berufsgenossenschaften (HVBG)

Alte Heerstraße 111, 53757 Sankt Augustin

Telefon: 0 22 41/2 31 01
Telefax: 0 22 41/2 31 13 33

www.hvbg.de

Erbe im Ausland

Amtsgericht Berlin-Schöneberg

Grunewaldstraße 66-67, 10823 Berlin

Telefon: 0 30/90 15 90
Telefax: 0 30/90 15 94 29

Ombudsleute (bei Problemen mit Banken und Versicherungen)

Kundenbeschwerdestelle beim Bundesverband deutscher Banken e. V .

Burgstraße 28 , 10178 Berlin

Telefon: 0 30/1 66 30, Telefax: 0 30/16 63 13 99

www.bdb.de

Kundenbeschwerdestelle beim Verband deutscher Hypothekenbanken

Georgenstraße 21, 10117 Berlin

Telefon: 0 30/20 91 51 00
Telefax: 0 30/20 91 51 01

www.hypverband.de

Versicherungs-Ombudsmann Versicherungsombudsmann e. V.

Postfach 08 06 32, 10006 Berlin

Telefon: 0 18 04/22 44 24 (24 Cent pro Anruf)
Telefax: 0 18 04/22 44 25

www.versicherungsombudsmann.de

Anwaltsuche

Anwalt-Suchservice

Gustav-Heinemann-Ufer 58, 50968 Köln

Telefon: 02 21/9 37 38 03
Telefax: 02 21/93 73 89 61

www.anwalt-suchservice.de

Deutsche Anwaltauskunft beim Deutschen Anwaltverein

Littenstraße 11, 10179 Berlin

Telefon: 0 30/7 26 15 20
Telefax: 0 30/7 26 15 21 90

www.anwaltauskunft.de

Steuerberatersuche

Deutscher Steuerberaterverband (DStV)

Littenstraße 10, 10179 Berlin

Telefon: 0 30/27 87 62
Telefax: 0 30/27 87 67 99

www.dstv.de

Verbraucherorganisationen

Verbraucherzentrale Bundesverband e. V.

Markgrafenstraße 66, 10969 Berlin

Telefon: 0 30/25 80 00
Telefax: 0 30/25 80 02 18

www.vzbv.de

STIFTUNG WARENTEST

Lützowplatz 11–13, 10785 Berlin

Telefon: 0 30/2 63 10
Telefax: 0 30/26 31 27 27

www.stiftung-warentest.de

Verbraucherzentralen

Verbraucherzentrale Baden-Württemberg e. V.

Paulinenstraße 47, 70178 Stuttgart

Telefon: 07 11/66 91 10
Telefax: 07 11/66 91 50

www.verbraucherzentrale-bawue.de

Verbraucherzentrale Bayern e. V.

Mozartstraße 9, 80336 München

Telefon: 0 89/53 98 70
Telefax: 0 89/53 75 53

www.verbraucherzentrale-bayern.de

Verbraucherzentrale Berlin e. V.

Bayreuther Straße 40, 10787 Berlin

Telefon: 0 30/21 48 50
Telefax: 0 30/2 11 72 01

www.verbraucherzentrale-berlin.de

Verbraucherzentrale Brandenburg e. V.

Templiner Straße 21, 14473 Potsdam

Telefon: 03 31/29 87 10
Telefax: 03 31/2 98 71 77

www.vzb.de

Verbraucherzentrale des Landes Bremen e. V.

Altenweg 4, 28195 Bremen

Telefon: 04 21/16 07 77
Telefax: 04 21/1 60 77 80

www.verbraucherzentrale-bremen.de

Verbraucherzentrale Hamburg e. V.

Kirchenallee 22, 20099 Hamburg

Telefon: 0 40/2 48 32-0
Telefax: 0 40/2 48 32-2 90

www.vzhh.de

Verbraucherzentrale Hessen e. V.

Große Friedberger Straße 13–17
60313 Frankfurt am Main

Telefon: 0 69/9 72 01 00
Telefax: 0 69/97 20 10 50

www.verbraucher-zentrale-hessen.de

Neue Verbraucherzentrale in Mecklenburg-Vorpommern e. V.

Strandstraße 98, 18055 Rostock

Telefon: 03 81/2 08 70 50
Telefax: 03 81/2 08 70 30

www.mvzmv.de

Verbraucherzentrale Niedersachsen e. V.

Herrenstraße 14, 30159 Hannover

Telefon: 05 11/9 11 96 01
Telefax: 05 11/9 11 96 10

www.vzniedersachsen.de

Verbraucherzentrale Nordrhein-Westfalen e. V.

Mintropstraße 27, 40215 Düsseldorf

Telefon: 02 11/3 80 90
Telefax: 02 11/3 80 91 72

www.verbraucherzentrale-nrw.de

Verbraucherzentrale Rheinland-Pfalz e. V.

Ludwigstraße 6, 55116 Mainz

Telefon: 0 61 31/2 84 80
Telefax: 0 61 31/28 48 66

www.verbraucherzentrale-rlp.de

Verbraucherzentrale des Saarlandes e. V.

Trierer Straße 22, 66111 Saarbrücken

Telefon: 06 81/50 08 90
Telefax: 06 81/5 00 89 22

www.vz-saar.de

Verbraucherzentrale Sachsen e. V.

Brühl 31–38, 04109 Leipzig

Telefon: 03 41/6 88 80 80
Telefax: 03 41/6 89 28 26

www.vzs.de

Verbraucherzentrale Sachsen-Anhalt e. V.

Steinbockgasse 1, 06108 Halle

Telefon: 03 45/2 98 03 29
Telefax: 03 45/2 98 03 26

www.vzsa.de

Verbraucherzentrale Schleswig-Holstein e. V.

Bergstraße 24, 24103 Kiel

Telefon: 04 31/59 09 90
Telefax: 04 31/5 90 99 77

www.verbraucherzentrale-sh.de

Verbraucher-Zentrale Thüringen e. V.

Eugen-Richter-Straße 45, 99085 Erfurt

Telefon: 03 61/55 51 40
Telefax: 03 61/5 55 14 40

www.vzth.de

Register

Herausgeber

Verbraucherzentrale Nordrhein-Westfalen e. V.
Mintropstraße 27
40215 Düsseldorf
Telefon: 0 180/500 14 33 (12 Cent pro Minute)
Telefax: 02 11/38 09-235
E-Mail: publikationen@vz-nrw.de
www.vz-nrw.de

Vorstand
Dr. Karl-Heinz Schaffartzik

Mitherausgeber
Verbraucherzentrale Bundesverband e. V. (vzbv)
Verbraucherzentrale Bayern e. V.
Verbraucherzentrale Brandenburg e. V.
Verbraucherzentrale Hamburg e. V.
Verbraucherzentrale Hessen e. V.
Verbraucherzentrale Niedersachsen e. V.
Verbraucherzentrale Rheinland-Pfalz e. V.

Text
Detlef Pohl (Kapitel 2, 5 und 6)
Dieter Gerling (Kapitel 1, 3, 4 und 7)

Fachliche Beratung
Barbara Friesel

Lektorat und Koordination
Dr. Hannah Friege

Layout und Produktion
Näscher und Näscher, Düsseldorf
www.naescher-naescher.de

Abbildungen
Titelfoto: Stockbyte
Fotos Innenteil: Näscher und Näscher, Düsseldorf, Photodisc®

Druck
Stürtz GmbH, Würzburg

Einzelbestellung und Vertrieb
Bei den Verbraucherzentralen
(››› Adressen, S. 202 f.)

Ratgeber der Verbraucherzentralen können Sie in den Beratungsstellen der Herausgeber kaufen oder gegen Rechnung bestellen (Adressen ››› Impressum). Zu den genannten Preisen (Stand: September 2005) kommt dann eine Versandkostenpauschale.

Patientenverfügung

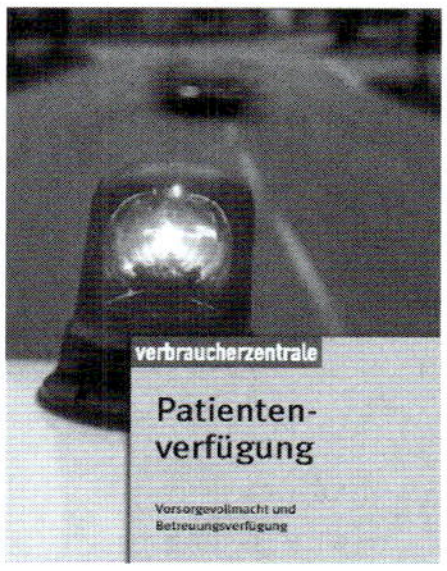

Wer soll in Ihrem Namen Entscheidungen treffen, wenn Sie es wegen Unfall, Krankheit oder Alter selbst nicht mehr können? Welche medizinische Behandlung wünschen Sie in solchen Fällen? Dieser Ratgeber informiert über bestehende Vorsorgemöglichkeiten. Mit Fragenkatalog, Bausteinen und Beispielen als Formulierungshilfe.

7. Auflage 2005 — *94 Seiten, 5,80 Euro*

Pflegefall – was tun?

Ob ein Mensch von Geburt an pflegebedürftig ist oder dies im Laufe seines Lebens wird – die Betroffenen stehen vor vielfältigen Problemen. Unser Ratgeber informiert Sie über Ihre Rechte und Möglichkeiten, Unterstützung und Hilfestellung zu bekommen.

5. Auflage 2005 — *294 Seiten, 12,90 Euro*

Pflegegutachten + Pflegetagebuch

Das Gutachten vom MDK ist Voraussetzung für Leistungen der Pflegekasse. Wie bereitet man sich darauf vor? Nach welchen Kriterien legt der MDK die Pflegestufe fest? Der Ratgeber zeigt alles rund um die Begutachtung auf. Mit dem Pflegetagebuch können Sie vor dem Besuch des MDK alle täglichen Verrichtungen dokumentieren.

72 + 32 Seiten

4. Auflage 2003 — *beide Ratgeber zusammen 4,80 Euro*

Pflegende Angehörige

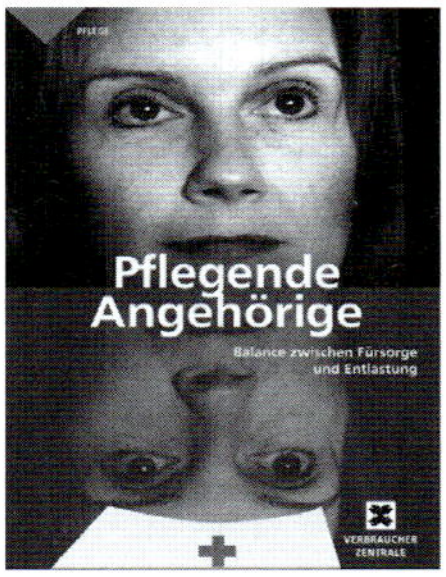

Die Pflege eines hilfsbedürftigen Menschen führt zu unzähligen Veränderungen im Leben des Pflegenden. Jede Pflegesituation ist einzigartig. Und doch gibt es viele Gemeinsamkeiten. Der Ratgeber soll einen Einblick verschaffen, was auf die Pflegenden zukommt, und aufzeigen, wie und wo sie sich bei ihrer Aufgabe entlasten können.

1. Auflage 2002 — *158 Seiten, 7,80 Euro*

Chance Psychotherapie

Der Ratgeber unterstützt Sie dabei, sich auf dem Psychomarkt zu orientieren. Wir informieren sie über Angebote und Anbieter, Therapieverfahren und -abläufe, Datenschutz und Kostenerstattung durch die Krankenkassen. Dazu erhalten Sie Hinweise, wie Sie mit Therapieproblemen umgehen können und wie Sie die „passenden" Therapeuten finden.

2. Auflage 2002 — *210 Seiten, 9,80 Euro*

Chronische Schmerzen

Chronische Schmerzen können unterschiedliche Körperregionen betreffen und unterschiedliche Ursachen haben. Aber es gibt auch viel Gemeinsames. Der Ratgeber informiert über Behandlungsangebote, deren Wirksamkeit und Risiken. So können Sie Ihre eigene Rolle in der Schmerztherapie finden und möglichst gut von den Angeboten profitieren.

1. Auflage 2004 — *190 Seiten, 9,80 Euro*

Die private Krankenversicherung

Privat versichern – ja oder nein? Keine leichte Entscheidung. Es gibt so unterschiedliche Angebote, dass ein Vergleich der Preis-Leistungs-Verhältnisse schwierig ist. Mit unserem Ratgeber finden Sie ein Angebot, das auf Ihre Bedürfnisse zugeschnitten ist. Checklisten und Musterbriefe helfen Ihnen dabei.

6. Auflage 2005 — *240 Seiten, 9,80 Euro*

ABC des Erbrechtst

Ein Nachschlagewerk sowohl für Erben als auch Erblasser rund um das Thema Erbrecht. „Testament", „Erbvertrag", „Pflichtteil" und viele weitere Begriffe werden präzise erläutert und anhand von anschaulichen Beispielen erklärt. Querverweise stellen die Zusammenhänge her, und Schwerpunktbegriffe werden ausführlich erklärt.

2. Auflage 2004 — *166 Seiten, 9,80 Euro*